AF500935

1072

# TRAITÉ

DE LA

# CONSTRUCTION DES TRAMWAYS

V 29693

L'auteur et l'éditeur se réservent le droit de traduire ou de faire traduire cet ouvrage en toutes langues. Ils poursuivront, conformément à la loi et en vertu des traités internationaux, toute contrefaçon ou traduction faites au mépris de leurs droits.

Le dépôt légal de ce volume a été fait à Nancy en temps utile, et toutes les formalités prescrites par les traités sont remplies dans les divers États avec lesquels il existe des conventions littéraires.

Tout exemplaire du présent ouvrage qui ne porterait pas, comme ci-dessous, notre griffe, sera réputé contrefait, et les fabricants et débitants de ces exemplaires seront poursuivis conformément à la loi.

Imprimerie Polytechnique de E. Lacroix, à Saint-Nicolas-Varangéville (Meurthe).

PUBLICATIONS SCIENTIFIQUES-INDUSTRIELLES DE E. LACROIX

R.F.

# TRAITÉ PRATIQUE

DE LA

# CONSTRUCTION DES TRAMWAYS

## CHEMINS DE FER A CHEVAUX

DITS

## CHEMINS DE FER AMÉRICAINS

APPLICATION DES DIVERS SYSTÈMES

A L'ÉTABLISSEMENT DES CHEMINS DE FER D'INTÉRÊT LOCAL

PAR

**M. le comte d'ADHÉMAR**

INGÉNIEUR CIVIL

PARIS

LIBRAIRIE SCIENTIFIQUE, INDUSTRIELLE ET AGRICOLE

**Eugène LACROIX, Imprimeur-Éditeur**

Libraire de la Société des Ingénieurs civils de France, de celle des anciens Élèves des Écoles d'Arts et Métiers, de la Société des Conducteurs des Ponts et Chaussées, de MM. les Mécaniciens de la Marine, etc., etc.

**54, rue des Saints-Pères, 54**

IMPRIMERIE A SAINT-NICOLAS-VARANGÉVILLE (MEURTHE)

# PRÉFACE

Les deux premières éditions de cet ouvrage se sont épuisées assez rapidement. Rien de spécial, en effet, que nous sachions, n'avait été publié avant nous sur les chemins de fer à chevaux, plus généralement connus sous le nom de chemins de fer américains, et l'on ne pouvait avoir connaissance en Europe de ce mode de transport que par les échantillons qui en avaient été construits au départ de la place de la Concorde, à Paris. Depuis, les lignes ne se sont étendues que très-peu ; mais le système mieux compris, parait chaque jour apprécié de plus en plus, par les ingénieurs d'une part, et de l'autre par les populations, qui, ayant perdu l'espoir d'être desservies directement par le réseau des chemins de fer à locomotive, désirent cependant améliorer leurs voies de communication, soit pour se relier à quelque grand centre de communication ou de production, soit encore pour se mettre en rapport avec les lignes ferrées de premier ordre. Ce travail des esprits semble général en France. L'Espagne aussi à laquelle on avait pu adresser le reproche de ne suivre que de loin les autres nations en matière d'industrie, est entrée dans cet ordre d'idées et en même temps qu'elle construit ses grands chemins de fer, elle s'occupe aussi de ses lignes secondaires. Grâce peut-être à l'initiative de M. Laloubère, elle se crée un réseau de tramways bien entendu et bien étudié.

En France, de semblables études ont été faites dans plusieurs départements et notamment dans l'Artois, par M. Davaine, ingénieur en chef du département du Pas-de-Calais, en Auvergne par M. de La Châtre, qui a obtenu la concession de Clermont à Riom, et dans les Landes par M. Clavières, pour une ligne, qui avait reçu la sanction de l'administration locale, mais à laquelle l'administration supérieure n'accorda pas ensuite son autorisation.

Quand nous fîmes paraître la première édition de notre ouvrage, nous étions à Turin, et pour faire comprendre les avantages des tramways, comme lignes auxiliaires des grands chemins de fer ou comme voies secondaires d'un réseau d'ensemble, nous avions choisi nos exemples dans les faits du réseau piémontais que nous avions sous les yeux. Il était nécessaire en effet de donner un sens précis et pratique à des considérations qui seraient restées trop abstraites sans point de comparaison. Mais la raison du système, indépendante des temps et des lieux, était applicable à d'autres circonstances comme à d'autres contrées et nous laissions au lecteur le soin de faire lui-même ces applications hors du cercle que nous nous étions tracé. Aujourd'hui, pour donner à notre travail un plus grand développement et jeter par conséquent plus de lumière sur la question, nous croyons convenable de joindre dans la présente édition un exemple tiré d'une province de France à celui du Piémont. Ce sera l'Artois que nous choisirons pour notre étude, parce que le mémoire de M. Davaine sur le réseau de cette contrée nous sera d'un grand secours. Nous sommes heureux que les considérations auxquelles s'est livré cet ingénieur, pour l'établissement de chemins de fer à chevaux dans le département du Pas-de-Calais, viennent à l'appui de tout ce que nous avons dit nous-même dans notre ouvrage sur les avantages spéciaux des tramways.

La raison économique des chemins de fer américains, embrasse naturellement deux choses distinctes : la question des avantages qui doivent résulter de leur établissement pour les contrées comprises dans leur rayon d'émergence et la question financière, qui est elle-même double ; car aux moyens par lesquelles on arrive à toute création, il faut joindre la rémunération du capital engagé dans l'opération. La rémunération du capital est d'ailleurs en rapport direct avec le trafic en voyageurs et en marchandises, c'est-à-dire avec les services rendus à l'industrie, au commerce, aux populations.

Nous avons traité avec assez d'étendue, dans nos premières éditions, la question d'utilité générale des tramways, et comme nous venons de le dire, nous comptons nous étendre encore davantage sur le même sujet dans la présente édition. Mais ce qui constituera une partie tout à fait nouvelle de notre ouvrage, ce sera un chapitre consacré entièrement à l'examen de la question financière, véritable disgression d'économie politique que nous livrons à l'appréciation du public et à la critique des hommes compétents sur la matière. Ce n'est que par la discussion que les convictions se forment et que les vérités, après être entrées peu à peu dans les esprits, s'élancent ensuite du domaine de l'intelligence dans celui de la pratique.

Déjà M. Poujardhieu a développé quelque part un système, qui se rapproche du nôtre, mais auquel il manque cependant une condition essentielle pour devenir virtuel, condition que nous indiquerons en temps et lieu.

Quand les premiers chemins de fer à locomotive furent créés, le monde financier hésita longtemps à s'occuper de cette nouvelle branche d'industrie et de richesse; mais quelques maisons plus intelligentes ou plus hardies secouèrent enfin le joug des vieilles habitudes, et franchissant les limites étroites, dans lesquelles les questions financières tournaient entre l'escompte et les opérations d'emprunts publics, elles attaquèrent tout à coup la grande entreprise des voies ferrées. Le succès couronna leur facile audace, et tout le monde sait les immenses bénéfices réalisés par les premiers créateurs de ce vaste système qui couvre aujourd'hui comme d'une résille de fer la carte entière de l'Europe. Nous n'avons pas la prétention d'en tirer pour les tramways la conclusion d'un succès aussi profitable, mais semblable du moins dans ses proportions plus modestes. Ainsi, on peut sur un espace plus ou moins rétréci, représenter la configuration de vastes territoires. Mais ce qui est hors de doute pour nous, c'est que ceux qui oseraient prendre à son début la question des chemins de fer à chevaux dans ses limites propres, employer leur soins et apporter leurs capitaux à ce genre d'industrie, complément nécessaire des grands chemins de fer, obtiendraient encore de leurs efforts une récompense digne de considération, assurée surtout dans ses conséquences finales.

Il est difficile de supposer que le gouvernement se refusera d'entrer dans la voie d'amélioration de ses routes ordinaires par les tramways après le programme clair et précis du chef de l'État (1859) où on lit, parmi les conclusions, ce paragraphe significatif.

« *Amélioration énergiquement poursuivie des voies de communication.* »

Nous croyons que les tramways constituent un des moyens les plus rationnels pour atteindre ce but.

L'étude de leur tracé doit différer de quelque peu de celles des grandes voies ferrées, qui sont comme les artères principales d'une même nation et de plusieurs nations ensuite par leurs prolongements.

Les chemins de fer ont laissé entre eux des vides et des espaces à combler ; c'est ce damier qu'il faut étudier et remplir en détail et pièce par pièce.

Les tramways ne peuvent donc pas constituer de grandes opérations taillées d'un seul bloc, mais une suite de petites opérations bien définies, offrant toute sécurité à la spéculation, parce qu'il sera facile d'en apprécier dans chaque province la valeur et la portée. Cependant ces opérations, quelque limitées qu'elles soient, prises une à une, peuvent former par leur ensemble un système assez vaste, pour mériter d'être pris en considération par les maisons financières les plus difficiles.

Nous serions heureux si les considérations, auxquelles nous venons de nous livrer en passant, appelaient l'attention des hommes, qui peuvent, par leurs capitaux ou leur crédit, créer les entreprises et réaliser les projets.

Pour compléter cette préface, il ne nous reste plus que quelques mots à ajouter sur la présente édition. Nous avons comblé les vides laissés dans les précédentes sur les divers genres de tramways. Ainsi nous avons parlé du rail Malécot, des rails cylindriques de M. Surville et de M. Galy-Cazalat, du rail télégraphique. Nous avons indiqué les variantes que l'expérience a apportées dans les systèmes mis en pratique et les modifications survenues dans celui de M. Loubat. Nous avons décrit avec quelque étendue les méthodes les plus rationnelles pour rendre les traverses moins altérables que dans leur état naturel ; nous avons publié le moyen d'injection passé sous silence dans notre premier travail. Enfin nous avons fait au texte un grand nombre d'additions et de corrections importantes, le purifiant des erreurs typographiques quelquefois grossières dont il fourmillait, et nous avons complété les figures unies à l'ouvrage.

Tous ces changements constituent une œuvre nouvelle, un véritable volume que nous offrons au public au lieu de la brochure que nous lui avions donnée. Aussi espérons-nous qu'il acceptera cette troisième édition au moins avec la même faveur que les premières, persuadé que nous sommes, que les personnes occupées des tramways, y trouveront à peu près tout ce qui est nécessaire à ce genre de chemin de fer, pour l'établissement de la voie comme pour l'exploitation des lignes. Elles s'apercevront aisément en nous lisant, que nous avons pris à tâche de leur éviter des recherches souvent pénibles. Elles pourront voir aussi que tout en essayant, dans nos appréciations générales, de relever les chemins de fer à chevaux de l'espèce de défaveur où ils sont tombés un moment, nous ne sommes pas sorti cependant des limites d'une juste réserve. Nous avons ramené la question à son véritable terme. Si dans leur nouveauté on a eu tort d'exagérer les avantages et l'utilité des tramways, il n'en a pas été moins injuste de les avoir trop décrié ensuite. Aussi espérons-nous que notre modération même raffermira les convictions ébranlées.

Puissent nos paroles, comme le grain de l'Écriture, tomber en bonne terre, amener de nouveaux essais et enfanter, pour le bien des populations rurales ou industrielles, de nouvelles lignes, mieux conçues, moins onéreuses que les échantillons de Versailles, qui, resserrés entre deux chemins de fer à locomotive, semblent être plutôt un objet de luxe que d'utilité, tout au plus acceptable aux portes d'un centre aussi populeux que Paris.

# INTRODUCTION

Si l'on veut bien examiner avec quelque attention les comptes rendus des chemins de fer des ex-Etats Sardes, l'on ne tardera pas à s'apercevoir que, malgré les augmentations annuelles du revenu de ces chemins, le résultat est loin cependant des espérances qu'on en avait d'abord conçues. S'il est permis à quelques-unes de ces entreprises d'attribuer à leurs actionnaires plus du 6 p. 0/0 du capital, cela tient plutôt à l'économie qui a présidé à leur construction, qu'au bénéfice d'un succès incontestable.

L'extension du réseau piémontais était en 1859 de 162 kilomètres. Il a produit la même année par chaque kilomètre, une moyenne de 24900 francs environ, tandis que les chemins de fer français donnaient 43782 francs.

La moyenne kilométrique du chemin de fer de Coni de 1859, semble avoir été de 16426 francs en chiffres ronds.

Le produit des voyageurs est assez satisfaisant sur les lignes piémontaises; mais celui des marchandises, sauf pour la grande ligne d'État de Gênes, où le mouvement est plus complet, laisse encore beaucoup à désirer.[1]

Ainsi le produit des marchandises de la ligne de Coni, qui est réputée la meilleure, après celle de Gênes, est évalué à : (1855) :

| | | |
|---|---|---|
| Marchandises à grande vitesse. . . . . . . . . . . . | fr. | 59,977 62 |
| Marchandises à petite vitesse. . . . . . . . . . . . | » | 411,444 68 |
| Total. . . . . | fr. | 471,422 30 |

Ce qui fait par kilomètre sur 87 kil. de parcours : 5,420 fr. environ. En 1859 ce chiffre est encore tombé plus bas. C'est peu comme on le voit.

Il y a donc pour cette catégorie de produit des améliorations considérables à réaliser. Car toute ligne a le droit d'espérer que le produit des marchandises égale celui des voyageurs, ou forme au moins le 40 p. 0/0 de la recette brute.

D'après quelques informations que nous avons pu prendre, il semblerait que l'antique charrette ne cesserait pas de faire concurrence à la fulgurante locomotive pour le transport de la grosse marchandise, charbon, matériaux divers, bois, blé, etc.

Ainsi les routes ordinaires, au lieu d'être, dans ce cas, les auxiliaires des chemins de fer, en sont au contraire les antagonistes ; antagonistes d'autant plus dangereux, que le parcours limité des lignes secondaires en Piémont, ne décide pas la question d'une manière tranchée en faveur des voies ferrées.

[1] En 1859, le produit kilométrique des deux lignes royales de Gênes à Turin et d'Alexandrie à Arona (ensemble 272 kilomètres environ), a été de 43736 francs. C'est à cette époque qu'a eu lieu sur ces lignes la plus grande partie du mouvement des transports pour la guerre d'Italie. Le Paris-Méditerranée a donné dans la même période 63661 francs.

Le grand avenir du chemin de fer de Coni est au delà des Alpes, non pas du côté de Savone, qui est trop près de Gênes, mais à Nice et dans la direction du col de Tende.

Si on perce ce col, on arrive par la Roya à Vintimille, plage inhospitalière, il est vrai, mais qui peut être aisément mise en communication avec Menton, la meilleure rade de Gênes à Marseille, Menton, où il serait même facile de construire à peu de frais un port excellent, dont l'entrée serait possible avec tous les vents[1].

Cependant pour arriver à Nice la route la plus courte, nous ne disons pas la moins dispendieuse, serait de passer de la vallée de la Stura dans la vallée de la Tinea, car par le col de Tende on tombe, comme on vient de le voir, dans la Roya, qui est séparée de Nice par une succession de contreforts remplis d'obstacles sérieux.

Mais ces obstacles, il faudra toujours les franchir pour le rail-way, projeté de la Corniche. Aussi, croyons-nous la première ligne, celle de la Roya vers Vintimille, bien préférable ; elle présente de bien moindres difficultés que la vallée de la Tinea. Courant sur la nouvelle frontière de la France et des États italiens, elle est également utile à ces deux nations, elle étend son rayon d'émergence d'un côté, pour l'Italie, jusqu'à Oneille et Gênes, et de l'autre, pour la France, jusqu'à Draguignan et Marseille. Elle répartit équitablement les avantages entre l'une et l'autre contrée, elle relie enfin les ports de Nice, de Villefranche, de Monaco et la rade de Menton.

La seconde ligne, celle de la Tinea, s'arrêtant à Nice, laisse toujours à construire l'embranchement de Vintimille. Elle exige même sans cet embranchement de plus grands frais de construction que le tracé de la Roya.

Le port de Nice est d'ailleurs lui-même d'une étendue très-limitée. Au milieu des roches qui le cernent, il est peu susceptible d'extension. L'entrée en est périlleuse ; à moins de calme on ne peut que difficilement y chercher un refuge, et une fois dedans, on en sort plus difficillement encore.

Le chemin de fer, avec Menton et Villefranche, pourrait bien se passer de Nice, mais avec Nice seulement il regretterait bientôt Villefranche et Menton.

Le développement rationnel du parcours des chemins de fer du Piémont, les placerait naturellement dans des conditions de transport, à n'avoir plus rien à redouter de la concurrence de la simple charrette.

Nous entendons par le développement rationnel, celui qui porte les extrémités d'un chemin de fer précisément aux deux centres d'exportation et d'importation les plus importants d'une même direction et suffisamment éloignés pour rendre impossible au charroi ordinaire, à cause de la longueur des

[1] Menton est située dans la Principauté de Monaco. Aujourd'hui que le comté de Nice est devenu français, cette petite ville ne peut manquer d'être comprise dans le département des Alpes-Maritimes, dont elle faisait déjà partie à l'époque du premier Empire. Napoléon Ier avait promis, avant sa chute, un port à Menton. Nous espérions que le neveu tiendrait cette promesse. Mais depuis que ces lignes sont écrites, le neveu, comme l'oncle, a disparu devant le souffle des révolutions.

étapes, de pouvoir baisser les prix de transport au-dessous du tarif de la voie ferrée.

Rester en deçà de ce développement rationnel, c'est se soumettre à une lutte peu profitable, pousser au delà d'une manière exagérée, c'est se jeter dans les embarras d'une entreprise colossale, difficile à surveiller et dont le produit kilométrique, s'il ne fléchit pas, n'augmente pas cependant en proportion de l'extension de la ligne, parceque Briarée n'est d'aucun siècle et que l'on ne conduit bien que ce que l'on peut bien saisir.

Mais outre les ouvrages qui peuvent résulter, pour une artère principale de chemin de fer, de son développement rationnel, il en est aussi d'accessoires qui dépendent des affluents qui aboutissent à cette artère.

Ces avantages accessoires méritent assurément de la part des compagnies la plus sérieuse attention. Il doivent être l'objet d'une étude constante.

Les affluents qui aboutissent à l'artère principale sont naturellement formés par les routes diverses ordinaires, qui se ramifient des différentes stations de la ligne, pour mettre les vallées secondaires en communication avec ces stations.

Dans l'état actuel des choses, il ne paraît pas que ces routes secondaires soient d'un grand secours aux chemins de fer, du moins quant aux marchandises.

Ces routes se sont au contraire posées en concurrentes, comme nous l'avons déja dit.

Si le producteur veut faire transporter sur une ramification de l'artère principale, un produit quelconque jusqu'à la prochaine station de cette artère, il est obligé d'avoir recours à un charretier pour intermédiaire. Le charretier lui demandera pour le parcours de ce tronçon un prix énorme, calculé de manière que le producteur pourra établir un compte composé par exenple des éléments suivants :

| | |
|---|---|
| Transport de la commune N... à la station A... du chemin de fer, par quintal | fr. 4 » |
| Déchargement à la station | » 0 50 |
| Transport sur le chemin de fer jusqu'à Turin | » 2 » |
| Transport de l'embarcadère à domicile | » 0 50 |
| Total. | fr. 7 00 |

En même temps le charretier offrira de faire directement le transport de la commune N... à Turin, marchandise rendue sans transbordement à domicile, pour le prix de fr. 6,50 et même pour 6 fr. le quintal.

Le charretier prendra à Turin des retours pour le même prix ou à plus bas prix encore.

Il est évident que dans ce conflit le chemin de fer aura tort et que les ramifications ne pourront guère, sur un pareil pied, être d'aucun secours notable à l'artère principale.

Mais il est un moyen de rattacher ces ramifications à l'artère principale et d'en faire comme autant de vassales et de dépendances.

La solution de ce problème réside, à notre avis, dans la construction de chemins de fer à chevaux.

Il est plus que douteux que les ramifications à locomotives puissent apporter à la ligne mère, assez d'avantages pour compenser les dépenses qu'exigent leur construction d'abord et leur exploitation ensuite. Chaque kilomètre de voie dévore des centaines de mille francs, oblige à un matériel roulant très-dispendieux et à une armée d'employés.

Nous ne sachions pas que l'embranchement de Vigevano, par exemple, soit d'un grand secours au chemin d'État d'Alexandrie à Novare, ni que les augmentations apportées à la ligne de Coni par celui de Bra, soient de nature à satisfaire les promoteurs de ce rameau et l'artère dont il dépend.

Nous croyons qu'avec des ramifications de chemins de fer à chevaux, autrement dits tramways ou tramroads, du nom de leur inventeur, on peut s'assurer de tous les produits des lignes accessoires à la ligne principale, sans crainte de les voir absorbés en même temps par les frais d'une entreprise écrasée sous ses charges.

Nous trouvons une preuve à l'appui de ces considérations, dans l'exemple comparatif de l'Amérique et de l'Angleterre.

En Angleterre on a voulu ramifier les lignes principales avec le système dispendieux de ces même lignes, c'est-à-dire avec la locomotive et tout ce que celle-ci entraîne après elle. Le revenu des actionnaires a baissé de moitié.

En Amérique, au contraire, on a ramifié avec de simples tramways. Le produit kilométrique des lignes mères a monté rapidement.

Aussi le nombre de ces chemins de fers secondaires s'accroît-il chaque jour dans les États-Unis. Le seul État de New-York possède déjà 19 de ces chemins formant un total de 3,000 kilomètres environ, et rapportant à leurs actionnaires plus de 10 pour 0/0 du capital.

Ce sont là des antécédents concluants et qui ne peuvent plus laisser aucun doute sur le choix du système à adopter dans la question si importante des ramifications des chemins de fer.

M. Davaine, ingénieur en chef du département du Pas-de-Calais, a très-bien défini la loi des transports dans son avant-projet du tramway proposé d'Arras à Etaples. Ses idées concordent parfaitement avec celles que nous avons émises dans les premières parties de notre première édition et reproduites dans la nouvelle.

« L'industrie comme la nature, dit-il, a ses lois ; il y aurait danger à les « méconnaître ; on ne recueillerait que de fâcheuses leçons.

« La loi des transports ne se manifeste nulle part mieux que sur mer ; là, « en effet, la voie est ouverte dans toutes les directions et sur toutes les « échelles ; elle admet des véhicules de toute grandeur et de toute puissance. « Or, voici comment ils se distribuent sans exception aucune : aux très-petits « trajets, les barques ; au cabotage, de petits bateaux ; entre les autres cen- « tres populeux, des bateaux à vapeur ; entre les continents, d'autres bateaux « plus puissants.

« Ce serait une fausse spéculation que de substituer les uns aux autres ; « et si les forts véhicules donnent de l'économie dans les grands trajets, ils « seraient en perte dans les petits.

« La même chose à lieu sur terre, avec une complication de plus, c'est « que la voie et le véhicule y doivent être faits l'un pour l'autre ; qu'ils se « divisent par catégories distinctes et exclusives, routes, canaux, chemins « de fer et que toute fausse spéculation en est d'autant plus dange- « reuse. »

« On a vu les chemins de fer et leurs locomotives prendre des proportions « de plus en plus colossales ; le rail pèse aujourd'hui le double de ce qu'il « pesait dans l'origine, et la locomotive est quatre fois plus puissante. « Lorsque, sur une ligne productive, elle remorque son énorme train, elle « est aux autres véhicules des voies de terre ce que les bâtiments tran- « satlantiques sont aux bâtiments de cabotage ; et, comme eux, elle ne peut « fonctionner avec avantage qu'à condition d'avoir de grands transports à « effectuer, de desservir de grands centres et de faire de grands trajets. »

M. Davaine part de là pour engager ensuite les populations délaissées par les grands chemins de fer et oubliées par la locomotive, à se contenter des tramways, plus modestes, il est vrai, mais aussi moins coûteux à construire, plus modérés dans leurs tarifs et plus commodes pour les besoins multiples du transport de détail par la facilité qu'il y a de multiplier les stations avec eux.

« Ils ont, ajoute-t-il, sur les canaux et les autres chemins de fer une su- « périorité marquée, en ce qu'ils peuvent être dirigés par tous les centres de « populations intermédiaires et passer au cœur même des villes. »

Nous ajouterons que pour la perfection du système, il faudrait que les tramways pussent continuer les chemins de fer sans transbordement d'aucune espèce, au moins pour la marchandise. Le défaut capital du système des voies de communication, tel qu'il est aujourd'hui avec son enchevêtrement de routes ordinaires et de chemins de fer, consiste principalement dans l'antagonisme même de ces deux espèces de voies. La charrette qui traîne péniblement sa charge sur l'antique chaussée, s'arrête là où le rail commence, et le wagon à son tour qui roule si rapide sur le rail est lié fatalement au sillon même que la mécanique lui a tracé. Cette double impuissance se résume en frais de déchargement et de chargement, souvent tout aussi coûteux que ceux de transport propres.

Économiquement parlant, l'inconvénient est grave. L'air que nous respirons, don gratuit de Dieu, est aussi précieux à notre existence que le pain que nous achetons. Plus nous approchons du don gratuit dans les résultats de notre organisation économique, plus nous marchons vers la perfection sociale. Il serait donc à désirer que l'antagonisme, qui existe entre les routes ordinaires et les chemins de fer vînt à disparaître. Ce serait un pas de plus de fait dans l'abaissement du prix des choses nécessaires à la vie. Ce n'est pas qu'il soit facile de changer un état de choses, dû à la fois à un fait aussi ancien que celui de l'existence des routes ordinaires et à une révolution aussi récente et aussi exclusive que celle des railways. Mais il faudra bien y arriver avec le temps. Nous serions trop heureux d'avancer de quelques jours, par la plume et la parole, le moment où cette solution de continuité disparaîtra devant la force des choses et la puissance des convictions.

En traitant des diverses espèces de tramways, nous indiquerons comment doit se faire le trait d'union entre les routes ordinaires, et les chemins de fer à locomotive. Ce n'est évidemment que par l'entremise même des tramways, que l'on pourra y parvenir.

Il convient donc de connaître les divers systèmes qui ont été proposés, de ces sortes de voies ferrées.

La nouvelle édition de notre ouvrage sur les tramways, était préparée depuis plusieurs années, mais elle est restée en portefeuille chez l'éditeur. Aussi, en présence de la marche incessante des inventions, sommes-nous obligé d'ajouter un chapitre de plus relatif aux *locomotives routières*. Les bandages en caoutchouc, que le premier nous avons indiqués, pour résoudre les difficultés des rampes [1], ont trouvé une solution heureuse dans les mains de M. R. W. Thomson d'Edimbourg. C'est donc un nouvel élément qui entre dans la question des voies secondaires de communication et auquel nous accorderons, dans l'un de nos chapitres, l'importance qu'il mérite.

---

1 1re et 2e édition.

# TRAITÉ
## DE LA
# CONSTRUCTION DES TRAMWAYS

## § 1. DES DIVERS SYSTÈMES DE TRAMWAYS.

Il y a plusieurs systèmes de tramways. Chaque jour en voit augmenter le nombre. Tant que l'expérience n'aura pas prononcé entre eux, nous verrons sans doute surgir de nouveaux modèles.

Cependant, on peut les classer en trois seules catégories : les tramways à ornière ou à niveau, les tramways à rails à peu près plats et les tramways en relief.

Il y en a encore une autre catégorie, qui cherche à se faire adopter et qui tient à la fois des deux premiers systèmes, c'est le rail plat à bourrelets, et mieux encore le rail légèrement concave.

Le système à niveau est généralement admis en Amérique. Il a reçu en France, à Paris même, une application modifiée, connue sous le nom de système Loubat.

Le second système a été préconisé surtout par M. Henry, inspecteur du chemin de fer de Paris à Strasbourg. Déjà depuis longtemps on se servait dans les mines d'un rail plat, dont la figure

Fig. 1.

donne une idée, et qui est armé sur un de ses côtés d'un rebord en équerre. Ce rebord a pour objet de retenir les terres de la chaussée et tout à la fois de préserver la roue du wagon contre le déraillement. Cette roue porte d'ailleurs sur le rail plat et est exempte de mentonnet.

M. Henry, comme nous le verrons plus tard, a perfectionné ce système. Son tramway a été expérimenté à Nancy et établi, nous croyons, sur une longueur de 25 kilomètres, de Strasbourg à Mutzig [1].

Les figures 5, 8, 12, 13 représentent trois variétés de tramways à ornière ou à niveau.

Les tramways à niveau peuvent être traversés par des voitures quelconques en un point quelconque de leur parcours.

Leur établissement sur les bas côtés des routes ordinaires ne présente donc aucun obstacle. Nous pensons même qu'on pourrait les établir au milieu de la chaussée, sans inconvénient pour le roulage habituel.

Les tramways à ornière exigent des roues à mentonnet.

La fig. 8 représente le système Loubat. Le rail repose sur des longrines en bois, qui sont elles-mêmes maintenues de distance en distance par des traverses.

[1] La ligne de Strasbourg à Mutzig est un véritable chemin de fer. (*Note de l'éditeur*).

La fig. 3 représente une variété de tramway à ornière, sans longrines.

Cette dernière variété a été proposée par M. Henry, en même temps que son système de rails plats. La suppression des longrines est une des modifications principales introduites par M. Henry dans son système de rails plats et appliquée aux rails à ornière.

Fig. 2.

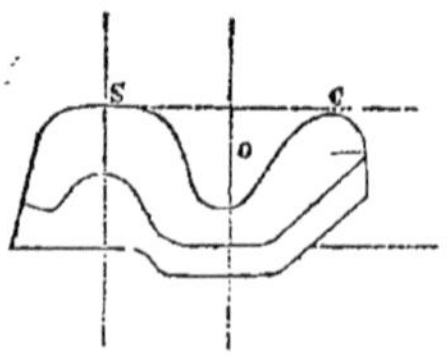

La fig. 2 est le gabarit du rail à ornière anglais avec sa selle.

Il y a plusieurs autres variétés de rails, tant à ornière que plats, et des rails comme ceux de M. Malécot tenant de l'une et de l'autre catégorie.

Nous les passerons en revue plus tard.

Quant aux rails en relief, outre les modèles des voies ferrées ordinaires, faits avec des dimensions adaptées aux usages des tramways, comme le rail Vignole, il y a le rail cylindrique de M. Surville, le rail tubulaire de M. Galy-Cazalat, le rail télégraphique.

La fig. 3 donne le système de M. Henry proprement dit.

Nous commencerons à entrer dans quelques détails sur le système Henry à rail plat.

### § 2. SYSTÈME HENRY A RAIL PLAT.

Le rail de M. Henry est en fer laminé (fig. 3), il est courbé à ses deux extrémités de manière à former une espèce de Z couché (A B). La saillie A qui surmonte ce rail du côté de la voie, sert à maintenir les roues, qui sont à jante plate, et à contenir en outre le macadam de la chaussée. Quant à l'autre saillie B, semblable à la première, mais qui est tournée en sens inverse, elle a pour objet de donner plus de stabilité au système et permet en outre de retourner le rail, lorsqu'il est usé sur sa face supérieure.

Fig. 3.

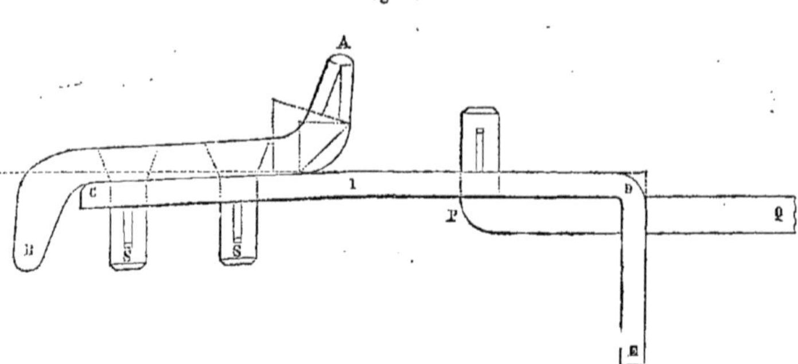


Le rail de M. Henry est posé tout simplement sur un ballast en sable comprimé de 25 centimètres de largeur sur une profondeur à peu près équivalente.

Toutefois, il repose encore sur les plaques d'assemblage CD des bouts de rails, et qui sont légèrement ployées vers leur milieu I (fig. 3), de manière à donner aux rails qui reposent sur elles une légère inclinaison de 0m,05 vers l'extérieur.

Cette inclinaison facilite l'écoulement des eaux et de la boue.

Les plaques d'assemblage sont recourbées dans la chaussée sur l'un de leurs côtés DE, comme l'indique la fig. 3. Cette disposition a pour but de leur donner une plus grande stabilité.

Les pièces de rails sont assemblées de trois mètres en trois mètres sur ces mêmes plaques au moyen de boulons S, S... à tête noyée.

L'écartement de ces plaques d'un côté à l'autre de la voie, et par conséquent celui des deux rails de cette voie, est maintenu par des entretoises ou tringles en fer PQ de 0m,015 de diamètre, recourbées à leurs extrémités de manière à pénétrer dans les plaques sur lesquelles elles sont d'ailleurs fixées au moyen d'un coin ou clavette R (fig. 4). L'appendice rabattu DE des plaques est, bien entendu, évidé à son milieu par une section qui laisse passer l'entretoise.

Fig. 4.

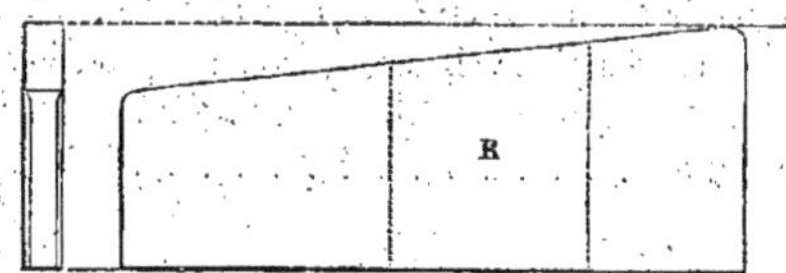


L'expérience a démontré que ce système qui, au premier aspect, semble d'une grande légèreté, est au contraire d'une solidité remarquable. Les voitures les plus lourdes, traînées par un seul cheval, peuvent circuler sur des rails de ce genre sans qu'il en résulte aucun dérangement dans la voie.

Le prix d'établissement de ce système peut être évalué de la manière suivante :

## Devis A.

### *Recherche du coût du mètre courant de voie.*

Les rails Henry sont assemblés sur leurs plaques de trois mètres en trois mètres.

La surface génératrice du rail Henry, qui est représenté fig. 3, est de 0mq,00322, ce qui, à la densité du fer laminé 7650, donne pour le poids du mètre courant 24kg,633, et pour une pièce de rail de trois mètres de long 73kg,899, soit 74 kilogrammes qui, à raison de fr. 0,34 le kilogramme, donnent pour chaque pièce de rail un prix de fr. 25,15, et pour la voie sur 3 mètres de longueur . . . . . . . . . . . . . . . . . . . . fr. 50,3000

N° 1. Tringles de traverse (ces tringles sont placées de 3 mètres en 3 mètres) du poids de 1kg,95. . . . . . . . fr. 0,653

| | | |
|---|---|---|
| *Reports.* . . . . | fr. 0,653 | fr. 50,3000 |
| Pour y percer 2 trous de clavette et ployer les bouts. | » 0,050 | |
| 2 clavettes à fr. 0,06. . . . . . . . . . . . . . . . . | » 0,120 | |
| | fr. 0,823 | » 0,8230 |
| N° 2. Plaques du poids chacune de $6^{kg},25$ : $12^{kg},50$ à raison de fr. 0,34. . . . . . . . . . . . . . . . . . . . | fr. 4,250 | |
| Façon de courbure et de coupure, et perçage de 4 trous par plaque (8 en tout). . . . . . . . . . . . . . | » 0,500 | |
| 8 boulons à fr. 0,10. . . . . . . . . . . . . . . . . | » 0,800 | |
| 8 clavettes à fr. 0,06 . . . . . . . . . . . . . . . . | » 0,480 | |
| | fr. 6,030 | » 6,0300 |
| Coût des armatures en fer de 3 mètres de voie . . . . | | fr. 57,1530 |
| Pour 1 mètre de voie nous aurons. . . . . . . . . . . . . . . . | | fr. 19,0510 |
| Fossés latéraux sous les rails pour recevoir le sable $0^{m},25$ sur $0^{m},25$. Surface génératrice environ $0^{mq},0725$ ; 2 mètres linéaires pour 1 mètre de voie, donc $0^{mc},1450$ de déblai à fr. 0,50 . . | | fr. 0,0725 |
| Sable pour remplir ces fossés latéraux à fr. 3,50 . . . . . . | | » 0,5075 |
| Aménagement du milieu de la chaussée, tranchée des tringles, déblai pour 1 mètre de voie de $0^{mc},32$ à fr. 0,50. . . | fr. 0,16 | |
| Macadam à fr. 2,50 . . . . . . . . . . . . . . . . . . . | » 1,12 | |
| | fr. 1,28 | » 1,2800 |
| Pose et accessoires. . . . . . . . . . . . . . . . . . . . . . | | » 0,0890 |
| Coût total du mètre courant de voie. . . . . . . . . | | fr. 21,0000 |

Ainsi le coût kilométrique du chemin de fer, système Henry, s'élève à 21000 fr. au plus. M. Henry ne l'estimait qu'à 20000 fr., sans doute, il ne tenait compte dans son devis que des armatures en fer.

Le modèle de la fig. 3, qui a servi au précédent devis, sert au transport des poids de 7 à 8000 kilogrammes ; en réduisant les dimensions du rail, M. Henry évaluait alors le coût kilométrique de sa route de 15000 fr. au plus et pour le transport des poids de 3000 kilogrammes.

La limite des pentes à gravir peut s'élever jusqu'à 0,07 par mètre.

La courbe du plus petit rayon qu'il est facile de suivre, peut n'avoir que 10 mètres et même 7 mètres de rayon.

Les changements de voie se font au moyen de coupures dans le rebord du rail et la chaussée.

Les roues sont à jante plate. Pour faciliter le parcours des courbes et les changements de voie, M. Henry a adopté pour ses wagons un système de roues articulées.

Un cheval peut traîner sur le railway Henry 6 fois plus de charge que sur les routes ordinaires avec une vitesse de près de 20 kilomètres à l'heure[1] et 8 fois plus de charge avec une vitesse inférieure.

[1] 20 kilomètres, vitesse *maximum* théorique. En fait, 16 kilomètres.

La traction moyenne des chevaux en Italie n'étant que de 800 kilogrammes environ, il en résulte que sur le railway Henry le même cheval tirerait 4800 kilogrammes et 6400. C'est la charge de deux wagons de petite dimension des chemins de fer ordinaires.

Le tramway du système Henry est d'une construction facile. Les réparations de la voie en sont plus faciles encore. Il n'y a pas de longrines, ni de traverses à remuer, pas de bois qui pourrissent, et par conséquent peu d'affouillements à faire à la voie.

Il évite les roues à mentonnet ; mais par cela même, il ne peut pas se prêter au roulage de wagons faisant le double service du tramway et du chemin de fer à locomotive, à moins que de faire rouler ces wagons sur le mentonnet.

Il présente en outre l'inconvénient d'une chaussée surélevée au milieu de la voie et qui s'oppose au libre *traversage* des voitures ordinaires sur la route, ce qui oblige nécessairement à concéder au système Henry une section toute spéciale du chemin, et à lui faire, pour ainsi dire, sa part bien distincte et bien séparée.

### § 3. DES CHEMINS A ORNIÈRE OU A NIVEAU.

Les chemins de fer à ornière ou à niveau présentent l'avantage de se laisser traverser par les voitures ordinaires en un point quelconque de leur parcours.

Mais ils ont l'inconvénient d'une ornière assez étroite et que les saletés de la route peuvent obstruer facilement. Ils demandent donc des soins de propreté et de surveillance constants.

Relativement aux chemins de fer à locomotive, les tramways à niveau peuvent être mis en relation avec eux, mieux que tout autre système. On peut les y rattacher même d'une manière directe et les rendre absolument dépendants de la ligne principale. Ils constituent les véritables ramifications des voies ferrées à locomotive.

En effet, le système de wagons qui est adopté pour les railways à locomotive peut être adapté aux tramways à niveau. Il suffit pour cela de dessiner le profil de l'ornière d'accord avec le mentonnet des wagons de l'artère principale.

Aussi, l'on peut dire avec fondement que les tramways à niveau sont les prolongements naturels des chemins de fer à locomotives. Le même wagon peut passer tout chargé, de ceux-ci sur les rails des premiers et réciproquement, sans qu'il y ait besoin d'aucun transbordement.

Mais une fois que le wagon à mentonnet est arrivé à l'extrémité de l'une ou de l'autre voie de fer, il est obligé de s'arrêter ; sa course et son service sont finis ; il ne peut pas porter la marchandise à domicile. Il est irrévocablement attaché à son rail.

Ainsi, à côté de chaque avantage, il y a aussi l'inconvénient à enregistrer.

Les rails plats du système Henry, par exemple, permettent au contraire d'y employer des wagons susceptibles de continuer leur voyage même au delà du tramway et de porter la marchandise à domicile, sans transbordement à l'arrivée.

Quoiqu'il en soit, les tramways à ornière, peut-être à cause de leur grande connexité avec les chemins de fer à locomotive, semblent cependant jouir d'une préférence marquée sur leurs rivaux.

Les chemins de fer à locomotives constituent, par la nature même de leur construction et par les conditions spéciales de leur exploitation, un véritable monopole industriel, qui doit logiquement chercher à dominer les ramifications secondaires de l'artère principale et à les retenir dans la dépendance de son principe constitutif.

D'ailleurs, le droit de propriété spéciale, le privilége, s'établit plus facilement avec des moyens qui s'éloignent de l'usage commun, qu'avec des méthodes plus voisines du domaine public.

Sous ce point de vue encore, le système des tramways à ornière doit sourire davantage aux constructeurs que les systèmes plus abordables aux moyens de transports ordinaires.

Aussi, ne doit-on pas s'étonner de la faveur que nous venons de reconnaître en matière de voies de fer, pour les systèmes qui limitent le plus la liberté des véhicules.

Cette tendance à préconiser les chemins de fer qui nécessitent un matériel roulant spécial, irrévocablement lié à la voie pour laquelle il a été expressément créé, est un fait que nous devons nous contenter de constater, sans lui accorder toutefois une approbation exclusive. Si nous avions à représenter les intérêts d'un chemin de fer à locomotives, nous pousserions nécessairement à l'adoption des chemins de fer à ornière, qui ont la propriété de continuer si bien la ligne principale. Nous leur donnerions la préférence dans les projets d'extension secondaire, dont celle-ci pourrait être susceptible. Mais comme juge impartial et désintéressé dans la question, nous ne pouvons pas nous empêcher de reconnaître que l'intérêt général a plus à gagner avec les systèmes libres qu'avec les systèmes restrictifs. Cette opinion se fera jour plus loin d'une manière plus circonstanciée à propos du tramway à rail concave.

Fig. 5.

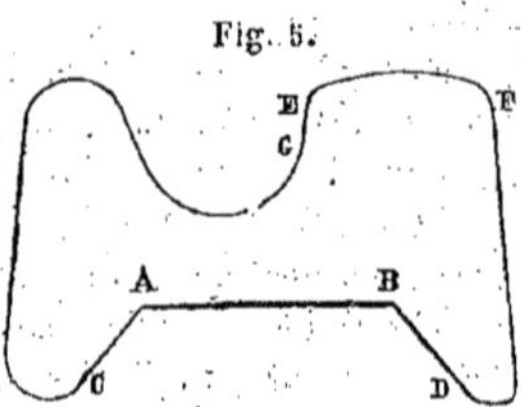


Les rails à ornières offrent de nombreuses variétés. Nous avons donné le dessin de quatre sortes de ces rails.

Nous décrirons maintenant d'une manière spéciale le système Loubat, comme il a été établi à Paris par son inventeur.

La fig. 5 représente en grandeur *naturelle* le gabarit du rail Loubat pris sur le rail même de Paris.

La fig. 6 représente ce même rail d'après les dessins de l'inventeur.

Les fig. 7, 8 et 9 représentent le rail Loubat quelque peu modifié.

On établit la voie sur des longrines maintenues de 2 mètres en 2 mètres par des traverses (fig. 8, etc.).

Ces longrines ont 2 mètres de long et 0m,10 de large sur 0m,15 de haut. Elles s'engagent deux à deux par leurs bouts dans les traverses qui sont, à cet effet, munies à 20 centimètres de leurs extrémités de deux entailles à mi-

Fig. 6.

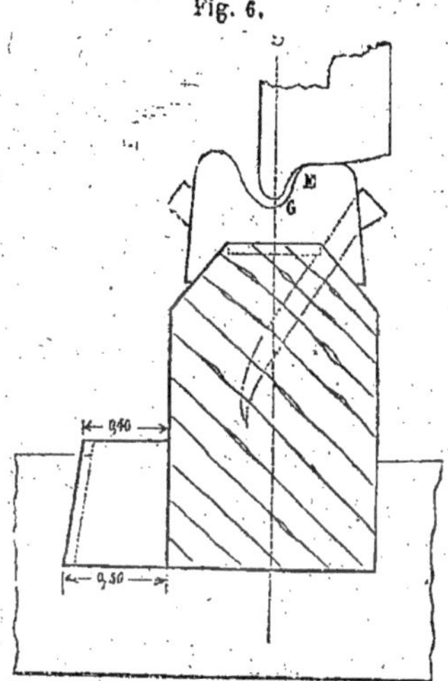

bois et en queue d'aronde d'un côté, comme le représente la fig. 8. La longrine est aussi elle-même entaillée simultanément avec la traverse, tandis que dans le mode d'assemblage adopté à Paris, l'entaille n'existe que pour la traverse.

Fig. 7.

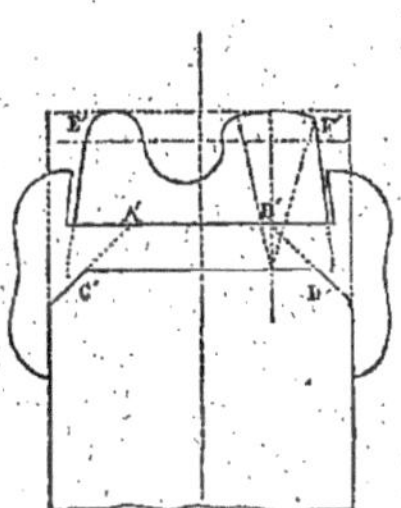

Fig. 8.

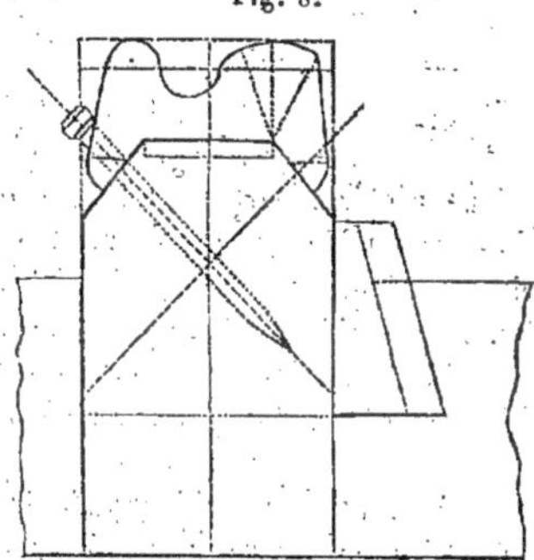

Cette entaille de la traverse est en queue d'aronde biseautée ou non, comme le représentent les fig. 8 et 11, et destinée à recevoir des coins de bois, au moyen desquels on assemble bout à bout d'une manière solide les longrines sur les traverses.

Dans la fig. 10, le coin de bois déborde la traverse et soutient d'autant plus la longrine contre les poussées latérales du roulage.

Toutes nos figures représentent les coins de bois placés à l'extérieur de la voie. Nous croyons cette disposition préférable à celle adoptée à Paris où les coins sont immergés, au contraire, dans l'intérieur de la voie.

En effet, le premier système permet d'affouiller les têtes des traverses et de visiter les coins sans bouleverser le milieu de la voie et sans interrompre la circulation. Il permet encore d'opposer à la poussée latérale des roues à mentonnets et au renversement de la longrine soumise à cette poussée de l'intérieur à l'extérieur de la voie, une résistance auxiliaire directe au moyen de coins surélevés, excédant le faîte de la traverse, comme nous l'avons mentionné ci-dessus avec renvoi à la fig. 6.

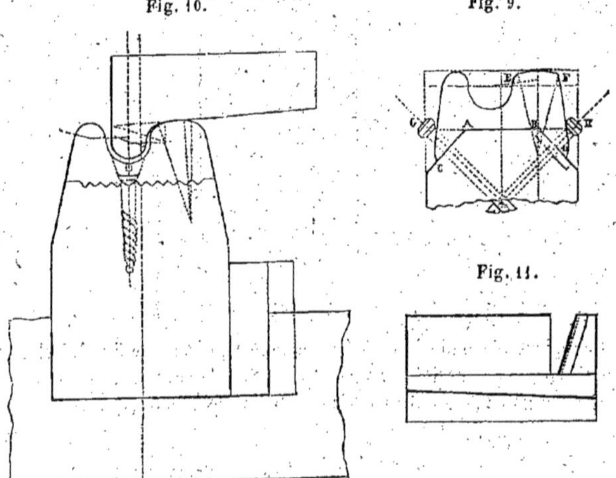

Fig. 10. Fig. 9. Fig. 11.

Il est vrai que les constructeurs de Paris ont adopté de placer les coins sur les traverses, à l'intérieur de la voie, dans la pensée peut-être de pouvoir mieux régler l'écartement à donner aux deux rails latéraux de la voie. Mais il nous semble que cet écartement peut être réglé tout aussi bien par les coins extérieurs que par les coins intérieurs. Car, dans tous les cas, il s'agit d'un raccourcissement ou d'un agrandissement de l'entaille, du côté où cette entaille est d'équerre, opérations qui ne peuvent avoir lieu que par l'addition d'une planchette sur ce côté ou par la section d'une tranche de bois.

Notre observation a d'ailleurs d'autant plus de poids que réellement l'écartement des rails sur des chemins de fer à ornière est plutôt commandé par l'ornière elle-même que par le rail de support, par le mentonnet de la roue que par la jante, et que, par conséquent, on doit avant tout s'occuper à emmancher ces rails d'une manière uniforme sur les longrines, et à déterminer la distance intérieure des deux entailles sur la même traverse, d'une manière invariable et d'accord avec les deux axes des ornières ou l'intervalle des mentonnets de chaque couple de roues des wagons.

A cet effet, les longrines sont équarries avec soin d'après le même gabarit et surtout sur leur face intérieure. Elles sont en outre délardées de manière à recevoir le rail en chapeau sur leur sommet.

Chaque pièce de rail est de 6 mètres de long, taillée parfaitement à la scie à ses bouts. Elle couvre donc exactement la longueur de deux longrines.

Pour unir une pièce de rail à la précédente sur la voie, ou plutôt, pour remédier à la solution de continuité qui a lieu à ce point d'union, tant sur la chaîne des rails que sur celle des longrines, on a recours à une plaque ou sabot d'assemblage. C'est ici un simple rectangle en forte tôle de $0^m,005$ d'épaisseur sur $0^m,120$ de long et $0^m,045$ de large. On exécute au ciseau sur le sommet des deux longrines contiguës, une entaille qui est de $0^m,06$ de long pour chaque longrine, et propre d'ailleurs en son entier à recevoir, à surface noyée, la plaque d'assemblage. Celle-ci se trouve ainsi couvrir le joint des longrines en dessus et fermer celui des rails en dessous.

Les rails sont maintenus sur les longrines par des chevilles ou gros clous, placées latéralement, comme l'indiquent les fig. 8 et 9. L'inventeur donne à ces chevilles jusqu'à un centimètre et plus de diamètre et 13 centimètres de longueur. Elles sont à pointe recourbée de manière à mordre dans le centre de la longrine (fig. 6).

Ces chevilles sont placées à la distance de 95 centimètres environ les unes des autres. Il y a 28 chevilles par pièce de rail, 14 sur la joue de gauche et 14 sur la joue de droite. Elles sont disposées de manière que celles de droite alternent avec celles de gauche.

La grosseur de ces chevillettes ou chevilles exige qu'on en prépare avec soin les trous à la mèche dans la longrine relativement trop faible. Elle est la preuve que l'inventeur a voulu remédier par la solidité du point d'attache au peu de stabilité que le rail de son choix présente sur le sommet de la longrine. La face d'appui horizontale AB (fig. 5) n'a que 4 centimètres de compas et les joues AC et BD qui embrassent la longrine, n'ont pas plus de $0^m,02$ d'amplitude utile chacune. Elles sont terminées par un bout circulaire qui n'a aucune valeur de stabilité. Le dernier dessin de l'inventeur (fig. 6) donne une légère correction au gabarit en usage à Paris et remplace par des pans coupés droits les bouts semi-circulaires des joues.

La rectification est plus sensible et mieux entendue dans les modèles modifiés par nous (fig. 7, 8 et 9), où la base AB a été agrandie et les joues dessinées de manière que leur amplitude produise tout son effet.

Mais tous ces soins ne sauraient qu'atténuer en partie le défaut de stabilité que le rail Loubat laisse soupçonner à première vue.

Le choc latéral qui a lieu en E (fig. 9), de E vers F, tend à faire tourner le rail autour de l'arête de sommet B de la longrine. La chevillette H appelée principalement à résister à cet effort, doit fatiguer sensiblement la longrine, trop légère, selon nous, pour ne pas être vite endommagée par les secousses réitérées qu'un roulage incessant doit lui faire éprouver.

Aussi pousse-t-on les précautions jusqu'à présenter les fibres de la longrine verticalement à la direction de la chevillette H, comme l'indiquent les fig. 6 et 8.

Cet effet destructeur doit être surtout ressenti par le côté le plus bas de la voie ; car ces sortes de tramways étant ordinairement posés sur les bas côtés des routes ordinaires, ont rarement leurs deux rails de niveau ; de manière que le rail qui est le plus près du fossé doit être soumis plus que l'autre rail, qui est plus élevé, à une pression latérale sans relâche, relativement plus puissante et plus destructive.

C'est sans doute à cet inconvénient, très-sensible en pratique pour la voie comme pour les voitures, qu'on doit le dessein des constructeurs de ce genre de chemin de fer, d'abandonner les bas côtés de la route pour le milieu de la chaussée. Mais il vaudrait mieux, selon nous, enlever au rail Loubat ses défauts par une modification radicale du modèle.

Le matériel roulant du système Loubat est spécial à ce système.

La roue de ce matériel est armée d'une jante à mentonnet d'un modèle approprié au rail et à l'ornière (fig. 6).

Les voitures pour voyageurs sont d'immenses omnibus avec impériale à galerie, où l'on arrive au moyen d'un escalier en demi-spirale, placé sur le côté à l'avant ou à l'arrière du coffre de la voiture.

Chaque omnibus peut embarquer 60 voyageurs à la fois.

Deux bons chevaux suffisent pour faire mouvoir un de ces vastes véhicules au complet et lui imprimer une vitesse de 16 kilomètres à l'heure environ.

Le corps de la voiture est porté par l'intermédiaire des ressorts de suspension sur quatre roues, qui sont fixées invariablement, et deux à deux, à leur essieu, comme pour les wagons des chemins de fer à locomotive.

L'essieu est donc mobile et son mouvement de rotation est nécessairement lié à celui du couple de roues auquel il appartient.

C'est une chose digne de remarque, que cet immense progrès de l'industrie moderne, les chemins de fer, ait fait rétrograder sous plus d'un rapport l'art du carrossier et notamment sous celui d'un des organes les plus importants du mouvement des véhicules, la roue.

Nous avons vu dans les makis de la Sardaigne des chariots traînés à grand renfort de buffles. Les roues de ces chariots informes étaient fixées invariablement à leur essieu et ne tournaient qu'avec lui. Aussi hommes et bêtes s'épuisaient-ils à faire mouvoir cette machine criant toujours sur ses points d'appui et qui semblait vouloir se briser à chaque secousse.

Les chemins de fer avec leurs roues rivées aux essieux nous ont fait revenir à cette méthode barbare de rotation, un des obstacles pour le parcours des courbes à petit rayon.

Le rayon de 10 mètres semble jusqu'à présent un *minimum* plutôt théorique que réel pour le système Loubat. Le système Henry laisse moins à désirer sur ce point ; il arrive même à des rayons de courbe moindres, tandis qu'il paraît difficile au système Loubat de descendre d'une manière, vraiment pratique du moins, à la limite du rayon de 10 mètres.

Aussi, en adoptant pour leurs voitures cette mauvaise disposition des roues et des essieux solidaires dans leur rotation, les constructeurs des chemins de fer Loubat durent-ils renoncer, à moins d'établir des plaques tournantes, à faire pivoter leurs wagons au terme du railway, de la course ou du voyage. Ils se contentèrent de résoudre la difficulté du retour, en dételant les chevaux et démontant le timon, pour remonter celui-ci et atteler ceux-là en sens inverse, de manière que l'avant de la voiture au départ en devînt l'arrière au retour, et réciproquement.

Il résulte nécessairement de cette manœuvre que ce sont toujours les mêmes roues latérales qui suivent invariablement le même rail. Mais comme un des rails de la voie est plus bas que l'autre, puisque cette voie, on le sait, est établie sur un des bas côtés de la route ordinaire, il s'ensuit une fatigue constante pour le même côté de la voiture, le côté en contre-bas, bien plus grande que pour l'autre, et dont l'effet destructeur ne tarde pas à se manifester sur les organes soumis à son action la plus directe.

Nous avions déjà fait ressortir plus haut l'inconvénient qui résultait pour les rails, d'une voie inclinée sur un de ses côtés ; mais nous nous étions contenté de mentionner seulement ce même inconvénient relativement aux voitures. Les éclaircissements nouveaux que nous venons de donner complètent notre travail à ce sujet.

Pour réparer ici une omission que nous avons faite relativement aux rails dans les courbes de parcours, nous devons ajouter que ces rails sont expressément cintrés pour la courbe voulue. L'opération se fait à chaud, à la forge et au marteau, sans dépression cependant de l'ornière.

Les rails à ornière exigent pour les changements de voie, les mêmes expédients mécaniques et les mêmes dispositions que pour les rails ordinaires, c'est-à-dire : les aiguilles mobiles, les cœurs et les contre-cœurs en cas de changement de voie sous angle aigu, avec évidement des rails aux points de croisement pour laisser passer le mentonnet des roues, et dans le cas de changement de voie sous angle droit, les plaques tournantes.

Nous devons dire toutefois que quelques expériences ont été tentées sur les rails Loubat pour faire sortir au besoin, durant le parcours, la voiture des rails et l'y faire rentrer ensuite. Cette manœuvre, si elle pouvait toujours avoir lieu, permettrait aux voitures de changer de voie d'une manière très-simple, et à deux convois marchant en sens inverse sur la même voie, de s'éviter et de se croiser sans autre secours qu'un déraillement momentané de l'un des deux convois. Quoiqu'on soit arrivé, par un effort oblique des chevaux, à obtenir le déraillement voulu, il ne paraît pas cependant que les expériences tentées à ce sujet soient encore satisfaisantes.

La nécessité d'avoir à parcourir des courbes d'un petit rayon, la question de déraillement à volonté que nous venons de signaler, et celle du frottement des roues situées sur le côté le plus bas de la voie, dont la réaction se fait d'ailleurs ressentir sur l'autre côté, à cause de la solidarité qui existe pour chaque couple, entre l'essieu et les roues de droite et celles de gauche, font songer aujourd'hui à abandonner, sur les chemins de fer à niveau, les essieux mobiles, pour y substituer un système de trains articulés à essieux fixes et à roues librement folles autour de leurs essieux.

Le corps de la voiture repose dans ce système sur deux de ces trains articulés.

Les voitures du nouveau modèle, construites dans un des grands ateliers de Paris (à la Villette), sont de deux dimensions. Le grand modèle peut recevoir 60 voyageurs et le petit 30. Le prix du premier est de 6000 fr. et celui du second, comparativement plus élevé, n'est pas moindre que 4500 rancs. Ces véhicules sont établis avec la plus grande élégance et tout le confort des wagons de première classe.

Nous verrons d'ailleurs plus loin le résultat des expériences faites avec ce nouveau matériel et les modifications qu'il a entraînées dans les tramways du système Loubat.

Il n'a été question, dans tout ce qu'on vient de lire sur le matériel roulant des chemins de fer à chevaux, que des voitures destinées au transport des voyageurs. C'est qu'en effet jusqu'à présent les lignes de ce genre qui ont été construites, ont eu ce seul transport pour objet principal, nous allions dire pour objet spécial. Mais les généralités que nous avons présentées à ce sujet s'appliquent tout aussi bien aux wagons à marchandises. En effet, ceux-ci ne diffèrent des premiers que par la simplicité de leur récipient, qui souvent même se compose d'un simple châssis porté sur quatre roues. Nous nous abstiendrons donc de plus longs détails sur une question que nous aurons d'ailleurs occasion de reprendre plus tard.

L'usage que l'on fait dans le système Loubat, de longrines et de traverses en bois pour supporter les rails et relier l'un à l'autre les deux côtés de la voie afin de leur assurer un écartement constant, a dû naturellement porter l'inventeur à rechercher les moyens de mettre ces parties intéressantes du tramway à l'abri d'une destruction rapide.

Les traverses des chemins de fer à locomotives ne présentent pas une durée de bon service de plus de cinq ans. Soumises aux variations hygrométriques du sol, aux atteintes des fermentations cryptogamiques, à la piqûre des insectes et aux chocs incessants que les convois font éprouver aux chevilles d'attache, elles subissent les effets d'une destruction rapide et certaine. Elles pourrissent par toute la masse et se fendillent tout à la fois à la circonférence des trous de chevillage, de manière que le coussinet est bientôt ébranlé dans ses points d'attache et joue sur ces appuis au grand péril des convois et des voyageurs.

Cette obligation de renouveler les traverses dans une période de temps très-courte est une lourde charge pour les entreprises de chemin de fer, en même temps qu'un souci économique.

En effet, les traverses entrent au moins pour 1/7 dans les frais de parement de la voie, 6000 francs environ par kilomètre sur 42000 francs en moyenne ronde. De plus, les essences de bois fort tendent à devenir chaque jour plus rares par l'emploi énorme qu'on en a fait et qu'on en fait encore pour la construction des chemins de fer. Il faut près de 1112 traverses par kilomètre de voie simple, de $2^m,60$ de long chacune sur $0^m,25$ et $0^m,125$ de coupe, c'est-à-dire 90 mètres cubes environ par kilomètre.

On a donc dû se préoccuper, dès l'origine même des chemins de fer, des moyens de conservation du bois ; car l'élasticité et la ténacité dont le bois est doué simultanément, paraissant une condition nécessaire des railways, on a peu songé à lui substituer une autre matière ou un autre système de construction.

Plusieurs moyens de conservation ont été proposés et essayés même sur une grande échelle. Les injections par le sel ordinaire et par différents sels métalliques, les sulfates de cuivre et de fer, les chlorures d'arsenic et de mercure, etc., ont été tout d'abord préconisés ; mais on s'est bientôt aperçu à l'usage, que le bois ainsi préparé, exposé aux intempéries de l'air ou du sol, ne gagnait pas en durée une année de plus.[1]

Le résultat aurait dû être prévu, puisque les sels d'injection mis en usage, étant tous plus ou moins solubles, étaient impuissants à remédier aux effets de l'humidité, qui parmi les agents de destruction du bois, est un des plus actifs.

Nous donnerions encore la préférence sur les injections salines au procédé que M. Bréant a expérimenté sur une partie du tablier d'un des ponts de la Seine, à Paris, et qui consiste, à introduire des huiles lithargirées dans le corps du bois au moyen d'une forte pression ou par voie d'endosmose et d'exosmose.

Aujourd'hui, l'attention semble se porter plus particulièrement sur l'emploi de l'acide pyroligneux et mieux encore sur celui de la créosote. Ce sont, en effet, le dernier surtout, deux puissants anti-septiques et comme tels propres à éloigner du bois les insectes et la carie cryptogamique.

Mais si parmi ces divers procédés, il en est qui présentent des avantages spéciaux pour la conservation de la matière, nous n'en voyons pas cependant aucun qui réponde parfaitement à la pleine solution du problème ; car non-seulement il s'agit de conserver l'essence, mais encore d'en augmenter la résistance mécanique afin de pouvoir substituer dans le même emploi les essences douces aux essences fortes, et de faciliter ainsi aux chemins de fer les approvisionnements nécessaires au renouvellement de leurs traverses ou de leurs longrines, en même temps que de prolonger la durée de service de ces mêmes organes.

Notre intention n'est pas de nous étendre ici plus longuement sur cette question, qui sera traitée plus loin avec assez d'étendue. Nous dirons par quel procédé nouveau, que la nature et l'étude nous ont dévoilé, on peut arriver à une solution des plus satisfaisantes du problème de l'injection et de la conservation du bois.

Mais, pour en revenir au sujet qui nous occupe, le tramway du système Loubat, nous dirons que les promoteurs de ce système ont adopté pour la conservation de leurs longrines et traverses, un procédé tout autre que ceux que nous venons de mentionner. Celui qu'ils ont choisi appartient au genre des préservatifs extérieurs, peinture, couverte, etc., passés par nous sous silence comme insuffisants pour un long service, surtout quand le bois doit être employé dans l'eau ou sous le sol.

Seulement, ils se sont adressés à une matière parfaitement imperméable et qui devient chaque jour d'un usage plus répandu dans les arts et l'industrie. Chacun a déjà nommé le caoutchouc ou la gutta-percha.

On fait, avec le caoutchouc, l'huile essentielle de goudron et la gomme laque, une espèce de colle qui a reçu le nom de glu marine, parce que le premier emploi qu'eut en vue l'inventeur, M. Jeffery, de Londres, avait été de boucher d'une manière étanche les voies d'eau des navires.

[1] Sur les chemins de fer on prépare les traverses de pin, de hêtre, de sapin, au sulfate de cuivre ou à la créosote. Cette injection donne de bons résultats quand elle est bien faite. (*Note de l'éditeur*).

Cette colle jouit d'une force d'adhésion vraiment remarquable, elle est parfaitement imperméable à l'humidité ; elle ne peut être employée qu'à chaud et sur des surfaces au préalable parfaitement desséchées, ce qui rend son emploi assez difficile, en même temps que le prix élevé des matières qui la composent en limite l'usage.

Sa préparation consiste à dissoudre d'abord le caoutchouc dans l'huile essentielle de goudron, au rapport de 500 grammes de caoutchouc contre 20 litres d'huile essentielle. Cette première opération ne demande pas moins d'une semaine de temps pour arriver à une digestion complète du caoutchouc dans son dissolvant. Puis, quand la dissolution a acquis l'aspect d'une matière visqueuse parfaitement homogène, on y incorpore deux parties en poids, de laque, pour une partie de dissolution. On porte le mélange à une chaleur de 120 degrés centigrades, et l'on coule en plaques. La glu marine est faite.

Quand on veut un produit moins résistant et plus susceptible de s'étendre sur une grande étendue de surface, comme c'est le cas pour la couverte des longrines des chemins de fer, on augmente la proportion d'huile essentielle et l'on change, même en vue de l'économie, la gomme laque en une résine moins chère ou un goudron, de manière que la fusion du mélange ait lieu à 30 ou 32 degrés centigrades de chaleur.

Pour couvrir leurs pièces de bois de glu marine, les entrepreneurs du chemin de fer Loubat emploient l'immersion à deux reprises, et pendant une demi-heure à chaque reprise, dans un bain de cette espèce de peinture, chauffé à 32 ou 35 degrés centigrades.

Quant aux travaux de chaussée à exécuter pour l'établissement de la voie, ils consistent en déblais pour le placement des longrines et des traverses, et pour le macadamage[1] de la chaussée à 0$^{m}$,10 de profondeur. Celui-ci doit être fait avec de la bonne pierraille parfaitement tassée et surchargée ensuite avec soin d'une couche de gros sable. Enfin, pour achever l'œuvre, on arrose le tout et l'on y passe le rouleau compresseur.

Pour compléter cette étude des tramways du système Loubat, nous la faisons suivre des devis des frais de construction des chemins de fer de ce genre. Nous donnons d'abord celui même qui a été dressé par les constructeurs de Paris pour la ligne tracée sur les accotements de la route de Chatou. Nous modifierons ensuite ce document d'après les éléments de calcul établis précédemment par nous et que nous avons placés en tête du devis du chemin de fer du système Henry. La raison de cette modification est non-seulement, que les valeurs qui constituent ces éléments sont plus conformes aux circonstances des États Sardes, où nous écrivons, mais encore qu'en rapportant aux mêmes étalons les différents devis des divers systèmes que nous examinons, on pourra comparer plus facilement les prix de revient de chaque système et mieux juger de l'importance économique de chacun.

[1] Nous disons *macadamage* et *macadamer*, au lieu de *macadamisage* et *macadamiser*. On dit *damage* et *damer* du radical *dame*. Le radical de *macadamage* et de *macadamer* est *macadame*, du nom de l'ingénieur anglais Mac-Adam qui a perfectionné le système des routes empierrées.

## DEVIS B.

### CHEMIN DE FER AMÉRICAIN (SYSTÈME LOUBAT).

*Détail du prix du mètre courant du chemin de fer à une voie, posé sur les accotements du chemin de Chatou et de la route impériale N° 13.*

| DÉTAIL POUR 6 MÈTRES DE VOIE. | QUANTITÉS | ARGENT | PRIX du mètre |
|---|---|---|---|
| 12 mètres de rail pesant 18,03 kilogrammes l'un . . . . . . . . . . . . . . . . . . | kilg. 216,360 | | |
| Lesquels 216 kilog.,360 à 35 fr. les 100 kilog . . | | fr. 75,72 | |
| 2 plaques en fer marchand aplati pour la jonction des rails pesant chaque 0 kilog.,211. | 0,422 | | |
| Lesquels 0 kilog.,422 à 38 fr. les 100 kilog . . | | 0,16 | |
| 28 chevillettes en fer de roche pour fixer les rails sur les longrines pesant chacune 0 kilog.,082. | 2,276 | | |
| Lesquels 2 kilog.,276 à 60 fr. les 100 kilog. . | | 1,38 | |
| 28 trous percés inclinés sur les côtés à fr. 0,05 l'un. . . . . . . . . . . . . . . . | | 1,40 | |
| 18 mètres de longrines et traverses en bois de chêne de 0,10 sur 0 m.c,15 cubant 0 m.c,27. | m. cube 0,27 | | |
| Lesquels 0 m. cube, 27 à 80 fr. le mètre cube. . | | 21,60 | |
| 6 coins en bois de chêne à raison de fr. 0,10 la pièce. . . . . . . . . . . . . . . . . . | | 0,60 | |
| Immersion, enduit du bois sur toutes faces à deux couches de glu marine développant 9 mètres superficiels. . . . . . . . . . . . | m. carrés 9,00 | | |
| Lesquels 9 m²,00 à fr. 0,55 . . . . . . . . . | | 4,95 | |
| Pierrailles, moitié meulière concassée, provenant des hauteurs de Bougival et moitié silex : Longueur 6 m,00 / Largeur 1 m,75 / Epaisseur 0 m,10 } 1 m. cube,05 | m. cube 1,05 | | |
| Lesquels 1 m. cube,05 à fr. 6,75 le mètre cube. | | 7,09 | |
| MAIN D'ŒUVRE. | | | |
| 1° Plantation de la voie au moyen de piquets à fleur de terre. | | | |
| 2° Délardement des longrines. | | | |
| 3° Ajustement des rails sur ces longrines. | | | |
| 4° Percement de 28 trous à la mèche et pose de chevillettes. | | | |
| 5° 4 entailles de traverses à mi-bois. | | | |
| 6° 2 entailles sur les longrines pour recevoir les petites plaques. | | | |
| 7° Ajustement des bouts des rails. | | | |
| 8° Ajustement des bouts des longrines. | | | |
| 9° 18 mètres de tranchées pour les longrines et traverses. | | | |
| 10° 1 m. cube,05 de terrassement et déblai du milieu de la voie. | | | |
| 11° Pose sur sable de plaine et sa fourniture. | | | |
| *A reporter* | | 112,90 | |

| | QUANTITÉS. | ARGENT. | PRIX du mètre. |
|---|---|---|---|
| *Report* fr. | | 112,90 | |
| 12° Bourrage des pierres et terres le long des bois. | | | |
| 13° Empierrement de la voie et des côtés, piloné et passé au cylindre avec couche de sable de plaine (graveleux de 1$^{m}$,04 d'épaisseur). | | | |
| 14° Régalage et tirage des terres et des déchets au râteau. | | | |
| 15° Transport au tombereau des déblais. Le mètre ensemble fr. | 6,00 | 36,00 | |
| Total pour 6 mètres de voie fr. | | 148,90 | |
| Plus un dixième pour bénéfice de l'entrepreneur fr. | | 14,89 | |
| Total fr. | | 163,79 | |
| Pour un mètre de voie fr. | | | 27,29 |
| DÉTAIL POUR 6 MÈTRES DE VOIE POSÉE SUR CHAUSSÉES PAVÉES. | | | |
| Fers pour rails, plaques et chevillettes fr. . . | | 77,16 | |
| 28 trous percés sur les rails. . . . . . . . . » | | 1,40 | |
| 12 mètres de longrines en chêne de 0,20 sur 0,25 cubant . . . . . . . . 0 ,30<br>6 mètres de traverses en chêne. 0 ,09<br>(à 80 fr. le mètre cube) 0$^{m3}$,39 | | 31,20 | |
| Immersion, enduit des bois sur toutes les faces, à deux couches au pinceau de glu marine, développant 13$^{m2}$,80, lesquels à 0$^{f}$,55 le mètre carré. . . . . . . . . . . . fr. | | 7,59 | |
| 50 boutisses d'un pavé et demi de 0$^{f}$,22 à 0$^{f}$,40 pièce. . . . . . . . . . . fr. | | 20,00 | |
| 7$^{m}$,25 de pavage remanié, en pavés et boutisses, compris le sable de la forme à 0,75 fr. | | 5,44 | |
| MAIN D'ŒUVRE. | | | |
| La même que ci-dessus, déduction faite des terrassements des côtés, du milieu de la voie et de son empierrement piloné. . . . . fr. | 4,50 | 27,00 | |
| Total fr. | | 169,79 | |
| Déduction à faire pour fourniture de pierrailles, meulières et silex 1$^{m. cube}$,05. Lesquels 1$^{m. cube}$,05 à cent. 75. . . . fr. | | 7,09 | |
| Total pour 6 mètres de voie fr. | | 162,70 | |
| Plus un dixième pour bénéfice de l'entrepreneur » | | 16,28 | |
| Total fr. | | 178,98 | |
| Pour 1 mètre. fr. | | | 29,83 |

*Fait à Paris le.... 1854.*

L'INGÉNIEUR, M....

## Devis C

*(C'est le devis B modifié d'après les bases de calcul adoptées pour les États Sardes.)*

DÉTAIL COMME CI-DESSUS POUR 6 MÈTRES DE VOIE.

| | |
|---|---|
| 12 mètres de rails pesant ensemble $216^{kilg}$,360 à fr. 0,34 le kilogramme . . . . . . . . . . . . . . . . . . . fr. | 73,562 |
| 2 plaques en fer pesant ensemble $0^{kils}$,422 à fr. 0,34 » | 0,143 |
| 28 chevillettes en fer pesant ensemble $5^{kils}$,276 à fr. 0,34 » | 0,774 |
| 28 trous percés inclinés sur les côtés des rails à fr. 0,05 » | 1,400 |
| 18 mètres de longrines et traverses, $0^{m.cube}$,27 à fr. 70 le mètre cube . . . . . . . . . . . . . . . . . . . » | 18,900 |
| 6 coins en bois de chêne à fr. 0,10 pièce . . . . . . . . » | 0,600 |
| Immersion du bois à deux couches dans la glu marine, 9 mètres superficiels à fr. 0,60 . . . . . . . . . . . . » | 5,400 |
| Pierraille — $1^{m.cube}$,05 à fr. 3,50 . . . . . . . . . . . » | 3,675 |
| Total fr. | 104,454 |
| *Main d'œuvre additionnelle.* Détail comme ci-dessus, mais à 5 fr. le mètre . . . . . . . . . . . . . . . . » | 30,000 |
| Total du coût de 6 mètres de voie sans le dixième de bénéfice des entrepreneurs . . . . . . . . . . fr. | 134,454 |
| Pour 1 mètre de voie, le 1/6e . . . . . . . . . . fr. | 22,409 |

Ce qui porte le coût du kilomètre à 22,409 francs environ.

### § 4. AUTRES MODÈLES DE RAILS A ORNIÈRE.

Quand une route ordinaire vient à croiser de niveau un chemin de fer à locomotives, on établit sur ce point un véritable chemin de fer à ornière; car la voie ferrée est alors formée d'un rail proprement dit, d'une ornière ou rainure pour laisser passer le mentonnet des roues des wagons, et enfin, d'un contre-rail qui permet de maintenir la chaussée du milieu au niveau de la route intersécante, afin de donner au roulage ordinaire le moyen de traverser le chemin de fer. C'est ce nivellement établi entre le rail, le contre-rail et la chaussée, contrairement à ce qui existe en général dans les chemins de fer où les rails sont en relief sur la voie, que les tramways à ornière ont dû d'être appelés aussi chemins de fer de niveau.

Souvent on se contente de mettre pour contre-rails de simples madriers en bois, revêtus la plupart du temps, sur l'angle contigu à l'ornière, d'une simple enveloppe en tôle. Quelquefois aussi le rail, au lieu d'être porté par des traverses ou des longrines repose, d'après le système Henry, sur un simple sillon de sable. Le contre-rail peut encore être exécuté en pavage ordinaire, à dés de granit ou de grès.

Les Américains pensèrent avec raison qu'on pouvait lier invariablement le rail et le contre-rail entre eux et les rendre solidaires. Ils créèrent donc un modèle que les Anglais ont imité et qui comprend tout à la fois dans le même bloc le rail proprement dit ou relief de support, l'ornière et le contre-rail.

Le gabarit en tôle ployée de la fig. 4, proposé par M. Henry et celui de M. Loubat (fig. 5, etc.), appartiennent évidemment à la même catégorie.

Seulement, M. Henry emploie pour la systémation de son chemin de fer des moyens qui lui sont propres. M. Loubat emprunte aux Américains les longrines et les traverses en bois, les premières, comme supports des rails et les secondes pour assurer l'écartement constant de la voie.

Nous joignons aux modèles précédents des rails à ornière, deux nouveaux modèles plus légers qu'aucun d'entre eux, et présentant cependant sur leur base plus de stabilité que le modèle Loubat surtout.

L'un est représenté fig. 12. Il est à base plate mais à retrait, ce qui lui donne à la fois beaucoup d'assiette et l'empêche de glisser latéralement, à droite et à gauche de la longrine, sur laquelle il est appliqué et qui est taillée d'ailleurs en escalier d'accord avec le profil inférieur du rail.

Fig. 12.

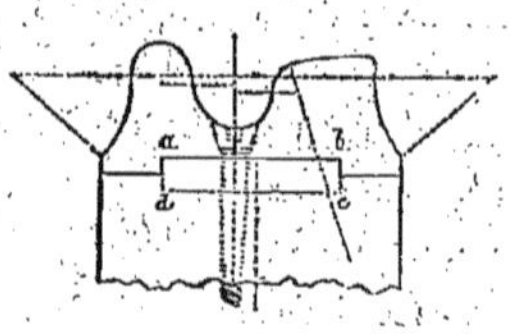

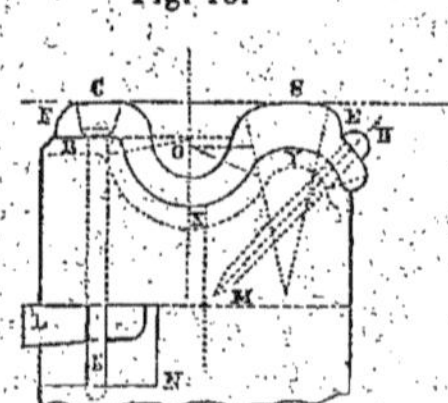

Fig. 13.

Pour rendre cette adhérence complète, outre une couche de bonne glu marine appliquée à chaud entre le fer et le bois, le rail est fixé à la longrine par une forte vis à bois, à tête noyée, introduite verticalement dans cette longrine à travers le plat-fond de l'ornière.

Ce système d'armature nous paraît aussi simple que solide.

Mais si l'on conservait quelque défiance contre la vis d'attache, quoiqu'il soit déjà démontré que les vis réussissent parfaitement dans un cas d'application qu'on peut dire identique, celui du serre-rail Barberot [1], nous indiquerions alors le rail à ornière (fig. 13), contre lequel il est impossible de soulever le même genre d'objections.

Ce modèle est à contour courbe, comme le gabarit américain ou anglais, mais les formes en sont mieux étudiées sous le rapport de l'attache aux longrines. Il offre sur le rail Loubat les avantages d'une stabilité incontestablement plus grande.

Pour fixer ce rail à contour courbe sur la longrine on fait usage :

1° Contre le soulèvement, d'une cheville à clavette et à tête noyée CK (fig. 13) ;

2° Contre le choc latéral des convois, d'une simple chevillette HM.

On conçoit que cette dernière n'ait pas besoin d'être ici de la grosseur de celles employées dans le système Loubat. Les chevillettes du système Loubat

[1] *Chemins de fer allemands*, par M. Couche.

ont à supporter la presque totalité du choc latéral du voiturage, tandis qu'avec notre rail courbe, ce même choc est soutenu en très-grande partie par la courbe inférieure du gabarit, qui s'emboîte exactement dans les moulures ménagées à cet effet sur la longrine en coïncidence avec le profil même du rail.

Une couche de fine glu marine appliquée à chaud entre le fer et le bois, produit une adhérence parfaite de contact entre le rail et la longrine.

La cheville à clavette CK et la chevillette simple HK servent comme de fermeture à cette adhérence et la complètent.

La cheville CK est enfoncée verticalement dans la longrine à travers le contre-rail C, qui est à cet effet d'un profil plus évasé que dans les autres modèles. La tête de cette cheville est à cône renversé pour être noyée dans l'œil tarandé et fraisé à cet effet, aux distances voulues, sur le contre-rail.

La cheville est rivée dans la longrine même au moyen d'une clavette L. La longrine est percée latéralement et au point convenable, d'un trou circulaire LKN, qui laisse passer cette clavette de manière qu'on la puisse ensuite engager aisément dans la fenêtre pratiquée à cette effet sur la cheville. La forme angulaire de cette clavette permet de serrer fortement la cheville et par conséquent le rail sur la longrine.

Quant à la chevillette HM, elle est tout bonnement enfoncée à coups de marteau dans les trous préparés *ad hoc* sur le bec H du rail et dans le corps de la longrine. Pour faciliter la fabrication du rail, nous ne donnons à chaque pièce de rail que 4 mètres de long. Chaque pièce couvre ainsi deux longueurs de longrine. Nous plaçons nos chevilles à clavettes d'abord à 7 centimètres des extrémités de chaque pièce de rail et ensuite de 96 en 96 centimètres environ l'une de l'autre, de manière qu'il y en a cinq en tout par pièce de rail.

De même nous plaçons les chevilles simples, d'abord à 10 centimètres environ de chaque extrémité de la pièce de rail et ensuite de 90 centimètres en 90 centimètres, de manière qu'il y en a aussi cinq en tout.

Les chevilles à clavettes et les chevillettes simples se trouvent ainsi disposées, comme en quinconce, à droite et à gauche du rail.

Le sabot d'assemblage d'un rail à l'autre, qui est représenté en pointillé RXY dans la fig. 13, est courbé suivant le profil inférieur du rail. C'est une simple plaque de tôle de 12 centimètres de long et qui occupe, en largeur tout le dessus de la longrine. Cette plaque est d'ailleurs noyée dans le bois, grâce à l'évidement pratiqué à cette effet mi-partie sur chacune des deux longrines contiguës.

Le sabot d'assemblage du rail à vis (fig. 12) est plus simple. Il se compose tout uniment d'un tenon en fer plat *abcd*, de 10 millimètres environ d'épaisseur, qui emboîte à la fois en contre-bas les longrines évidées à cet effet, et en contre-haut, le rail dans l'espace en retrait ménagé au-dessous de la base.

Le profilement de la partie supérieure des longrines demande sans doute quelque soin pour assurer son raccordement avec le contour inférieur du gabarit du rail, surtout dans le cas du rail courbe. Mais cette opération ne présente réellement pas plus de difficulté que les moulures des cadres à tableau ; il suffit pour cela faire, des rabots et des fers *ad hoc*, ou si l'on veut obtenir le même effet par un frottement continu, on peut y employer un système de limes ou de râpes à bois, modelées sur le profil voulu et mises en mouvement par un moyen mécanique approprié.

Pour l'armement des courbes, qui peuvent se présenter dans le parcours du tramway, il faudra nécessairement cintrer les rails à propos. Ce travail doit paraître à première vue d'une exécution difficile pour l'espèce de rail dont il s'agit, le rail à contour courbe, qui offre peu d'épaisseur de haut en bas sous une largeur relativement considérable. Or, c'est sur cette largeur que l'effort du cintrage doit peser dans le sens latéral seulement sans déformation sensible du profil, ici fort délicat.

Rien de plus facile cependant que de bien exécuter ce cintrage au moyen d'un appareil aussi simple qu'énergique.

Supposons une plaque d'acier percée d'une fenêtre ou matrice sur le patron du rail qu'on veut soumettre au cintrage.

On engage dans cette fenêtre le rail préalablement chauffé au rouge et on lui fait éprouver, en l'obligeant à la traverser en entier, un mouvement d'étirage, non pas en ligne droite, mais suivant la courbe voulue.

Ce mouvement d'étirage peut être exécuté au moyen d'une crémaillère à deux branches rectilignes, de la longueur d'une pièce de rail (4 mètres) et munie d'ailleurs des pignons et manivelles nécessaires pour lui faire fournir vigoureusement sa course. En outre, elle est armée, en tête, d'une pince pour saisir l'extrémité du rail engagée dans la matrice, et au talon d'une console pour appuyer en arrière l'autre extrémité de ce même rail et le chasser devant soi.

Il est évident qu'en faisant manœuvrer cet appareil, le rail sera obligé de suivre le mouvement et passera à travers la matrice dans laquelle il se trouve engagé. Mais ce mouvement étant rectiligne comme la crémaillère, le rail resterait toujours droit si l'on ne modifiait pas l'instrument en conséquence.

On obtient le mouvement de courbure au moyen de la disposition suivante :

La pince dont la tête de la crémaillère est armée, peut glisser librement entre les deux branches parallèles de cette crémaillère dans une rainure perpendiculaire aux lignes de longueur. Or, quand on veut que cette pince suive dans son mouvement de translation une ligne d'une courbure déterminée, il suffit de croiser la rainure où elle se meut avec cette même ligne courbe, formant à son tour une nouvelle rainure, dans laquelle on engage aussi le pivot conducteur de la pince. Il est dès lors évident que celle-ci, en se mouvant sous l'effort de translation de la crémaillère, est obligée de se porter toujours, grâce à sa propre rainure, dans la rainure accessoire de la courbe en question. Le rail obéira nécessairement à ce mouvement combiné et le cintrage voulu s'obtiendra ainsi graduellement sur le couteau même de la matrice.

Quelque soin que nous ayons mis à être clair dans nos explications, il eût été assurément plus facile de suivre avec le secours d'une figure, la description de la machine à cintrer les rails, que nous venons de donner. Mais comme cette machine n'est qu'un accessoire de notre travail, nous avons cru pouvoir nous dispenser de faire les frais d'un dessin d'art mécanique. Nous pourrions d'ailleurs y suppléer au besoin d'une manière absolument pratique, si jamais une occasion d'application se présentait pour nous.

L'opération de cintrer les rails en général a toujours passé pour difficile. On y emploie ordinairement le marteau ; mais on comprend aisément qu'on y arriverait d'une manière plus sûre et plus régulière par un mécanisme établi d'après l'esquisse que nous venons d'en tracer pour le cas spécial de notre rail courbe à ornière, qui selon toute apparence se refuserait, du moins à perfection, au cintrage au marteau.

Les changements de voie dans les chemins de fer établis, soit avec le rail à vis, soit avec le rail courbe, exigent, comme les tramways du système Loubat, les aiguilles, les cœurs et les contre-cœurs en rails de même nature. Mais nous modifierons tous ces appendices compliqués de la voie, aussitôt qu'il aura été question de la dernière espèce de chemins de fer à chevaux, ceux à rails libres, qui nous reste à examiner. Nous reviendrons alors sur la systémation générale de notre chemin de fer à ornière, avec rail à vis ou rail courbe et nous donnerons l'arrangement définitif et économique que nous comptons leur faire subir.

En attendant nous terminons ce chapitre par le devis des frais de construction :

1° Des chemins de fer à chevaux, tramways, établis avec le rail à vis, à l'instar du système américain comme celui de M. Loubat.

2° De ceux établis avec le rail à base courbe, à l'instar aussi des mêmes systèmes américain et Loubat.

La question des prix de revient de chaque variété constitue aussi une raison déterminante dans le choix des entrepreneurs.

DEVIS D

*d'un tramway établi avec le rail à vis de la fig. 12, l'arrangement de la voie restant d'ailleurs le même que pour les devis B et C ci-dessus.*

La surface génératrice du gabarit de la fig. 12 est de 0m. carrés,0023.

Cube du mètre courant : 0m. cube,0023 qui, à la densité 7650 du fer laminé, donnent le poids de 17kilog.,60 environ.

12 mètres de rails au poids de 211kilog.,20, font à raison de fr. 0,34. . . . . . . . . . . . . . . . . . . fr. 71,808

Nous attribuons à chaque pièce de rail à vis 6 mètres de long.

2 plaques ou sabots d'assemblage en fer, chacune de
0m,06 large
0m,01 d'épaisseur } 0m. cube,000072, pour les 2
0m,22 de long
plaques : 0m. cube,000144 qui, à la densité de 7650, font 1kilog.,102 à fr. 0,34. . . . . . . . . . . . » 0,375

14 vis à bois à fr. 0,06 pièce (placées les deux premières à 0m,07 des extrémités, les cinq autres par pièce de rail à 0m,97 environ les unes des autres) . . . . » 0,840

*A reporter* fr. 73,023

*Report* fr. 73,023

14 trous fraisés, percés dans le plafond de l'ornière à fr. 0,05 . . . . . . . . . . . . . . . . . . . . . » 0,700

Le reste comme ci-dessus Devis C.
- 18 mètres de longrines et traverses $0^{m. cube},27$ à 70 fr. le mètre cube . . . . . . . . » 18,900
- 6 coins à fr. 0,10 pièce . . . . . . . . . » 0,600
- Immersion dans la glu marine . . . . . . . » 5,400
- Pierraille $1^{m. cube},05$ à fr. 3,50 . . . . . . . » 3,675
- Main-d'œuvre additionnelle à 5 fr. le mètre . » 30,000

Total du coût de 6 mètres de voie fr. 132,298

Pour 1 mètre . . . . . . . . . . . . . . . . . . . fr. 22,049

ou 22000 francs environ par kilomètre.

Devis E

*d'un tramway établi avec le rail à contour courbe de la fig. 67, l'arrangement de la voie restant d'ailleurs le même que pour les devis B et C ci-dessus.*

La surface génératrice du modèle (fig. 67) n'a que $0^{km. carré},00145$ au plus, qui, à la densité 7650 du fer laminé, donnent pour poids du mètre courant de rail $11^{kil.},10$ au plus.

12 mètres de rail au poids de $133^{kil.},20$ font à raison de fr. 0,34 . . . . . . . . . . . . . . . . . . . . . fr. 45,28

Nous avons dit que nous fixerons à 4 mètres seulement la longueur de chaque pièce de rail courbe, donc :

3 plaques ou sabots d'assemblage en fer, chacune de
$0^{m},13$ de largeur effective }
0,005 d'épaisseur } $0^{m3},000078$,
0,12 de longueur }
pour les 3 plaques $0^{m. cube},000234$, pesant $1^{kil.},80$ environ, à fr. 0,34 . . . . . . . . . . . . . . . . . 0,61

15 chevillettes simples de 0,006 de diamètre et de 0,07 de long, y compris la tête à raison de fr. 0,02 pièce. 0,30

15 chevillettes à clavette de 0,007 de diamètre et de 0,095 de long, y compris la tête à fr. 0,10 pièce . . . . . 1,50

15 clavettes à fr. 0,05 pièce . . . . . . . . . . . . . 0,75

15 trous de chevillettes simples sur le bec latéral du rail à fr. 0,05 . . . . . . . . . . . . . . . . . . . . . 0,75

15 trous de chevilles à clavette à fr. 0,06 par trou . . . 0,90

18 mètres de longrines et traverses, $0^{m. cube},27$ à 70 fr. le mètre cube . . . . . . . . . . . . . . . . . . . 18,90

6 coins à fr. 0,10 pièce . . . . . . . . . . . . . . . 0,60

Immersion dans la glu marine . . . . . . . . . . . . 5,400

Pierraille $1^{m. cube},05$ à fr. 3,50 . . . . . . . . . . . 3,675

Main-d'œuvre accessoire à 5 fr. le mètre . . . . . . . 30,000

Coût total de 6 mètres de voie fr. 108,665

Pour un mètre de voie nous aurons . . . . . . . . . . . . fr. 18,111

ou pour 1 kilomètre 18111 fr., soit 18000 fr. en chiffres ronds.

Ainsi, de tous les chemins de fer à chevaux que nous avons examinés jusqu'à présent, celui établi avec notre rail à contour courbe est le plus économique.

Nous tâcherons encore de réduire ce prix de revient.

## § 5. DU TRACÉ DU GABARIT DES RAILS A ORNIÈRE.

Le tracé du profil des rails à ornière n'est pas indifférent. On a déjà pu s'en convaincre pour la question du poids à propos du rail à contour courbe comparativement aux autres modèles.

Mais ce n'est pas sous ce seul rapport que ce tracé est important. Il l'est encore pour l'assiette du rail, on l'a vu aussi, et pour les courbes qui constituent les limites du relief de support ou rail proprement dit et de l'ornière.

C'est principalement de ces dernières lignes que nous allons nous occuper ici.

Le rail Loubat paraît avoir été profilé *à priori*. On peut suivre aisément sur les fig. 7, 8 et 9 les moyens graphiques avec lesquels le tracé de ce profil peut être effectué. La jante et le mentonnet de la roue qui appartiennent à ce système ont été dessinés ensuite de manière à combiner parfaitement avec le rail (voir fig. 6).

Fig. 14.

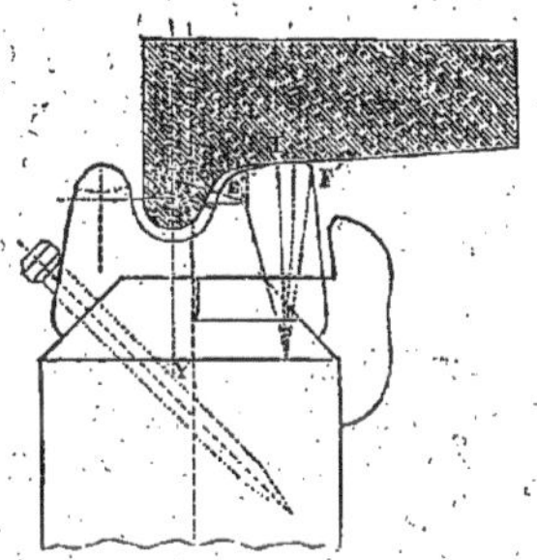

Mais si nous présentions au rail Loubat, au gabarit même pris sur le rail de Paris (fig. 13), la jante d'une roue de wagon ordinaire, nous verrions que cette jante ne combine pas avec les contours de ce gabarit, et se refuse à l'enchevêtrement nécessaire pour le pasage libre du mentonnet.

Si l'on veut donc que l'embranchement en tramway d'un chemin de fer à locomotive, puisse bien continuer ce chemin de fer, il faut, selon nous, que les voitures de la ligne mère, celles destinées surtout au transport des marchandises, conviennent également à l'embranchement et soient propres au service du roulage pour l'une comme pour l'autre voie.

Pour cela faire, il faut que non-seulement le tracé du rail du tramway soit d'accord avec la jante à mentonnet des roues des wagons ordinaires, mais encore que la largeur de la voie du tramway soit réglée de manière qu'une fois un point d'appui assuré à cette jante sur la ligne de support du rail, le mentonnet pénètre tout aussitôt dans le creux de l'ornière avec le jeu suffisant pour sa liberté de locomotion.

Aucun des profils dessinés *à priori* (fig. 5, 7, 8, 9) ne peut combiner avec la jante des wagons ordinaires, dont il y a une coupe exacte (fig. 14). Une fois celle-ci assise sur le rail, le mentonnet dont elle est munie va buter contre les parois de l'ornière. Pour éviter ce grave inconvénient, nous avons tracé le rail de la fig. 14 en concordance avec la jante même. Nous avons considéré d'abord le plan vertical XY qui passe par la ligne ou circonférence de sommet du mentonnet, et c'est sur ce plan que nous avons placé les axes et les centres des courbes de l'ornière, de manière que nous avons pu décrire ces courbes à une distance plus ou moins convenable du mentonnet et continuer ensuite notre tracé du côté du rail proprement dit, pour rencontrer tangentiellement la bande de la jante un peu en dedans de la voie.

Les modèles des fig. 12, 13 et 14 sont dessinés d'après ces principes.

Le vent qui existe entre le mentonnet de la roue à wagon ordinaire et les parois de l'ornière est sans doute mesuré ici avec parcimonie. Il est moins considérable que celui que l'on ménage aux jantes construites expressément pour les tramways, comme on peut le voir fig. 6. Mais si dans le cas d'application spéciale aux wagons ordinaires qui nous occupe, le vent de l'ornière est peut-être trop juste pour une vitesse de locomotion considérable, il est certainement suffisant pour le transport des marchandises à vitesse modérée.

On pourrait bien, il est vrai, dissiper toute crainte d'insuffisance à ce sujet, en donnant à l'ornière plus d'amplitude et de profondeur ; mais cette modification entraînerait pour les modèles du système Loubat et ceux qui s'en approchent, une augmentation sensible dans l'épaisseur en hauteur et dans la largeur, et par conséquent le chiffre économique des frais de construction du tramway serait considérablement grossi avec l'accroissement du poids du rail.

Il n'y a que pour le rail à contours courbes que l'agrandissement de l'ornière n'apporte qu'une variation sans importance au poids de chaque pièce. En effet, cet agrandissement ne nécessite aucun changement dans l'épaisseur verticale du modèle.

Ainsi nous rencontrons ici un autre avantage qui n'est pas sans valeur dans la question, en faveur du rail à contour courbe.

Une fois qu'on est assuré que le rail adopté est propre à recevoir la jante des véhicules de transport, il reste encore à mettre la largeur de la voie d'accord avec l'écartement des roues du même essieu en usage dans les chemins de fer à locomotive.

Ce qui doit servir de guide dans cette opération, ce sont évidemment les deux plans verticaux (fig. 14) qui passent par les circonférences du sommet des mentonnets des deux roues accouplées au même essieu et sur lesquels plans nous avons placé les axes directeurs de la surface génératrice de l'ornière. Il faut donc, sur le terrain, que ces axes coïncident à droite et à gauche avec les plans verticaux du sommet des mentonnets, ou ce qui revient au même, que l'on donne aux axes de l'ornière de gauche et de l'ornière de droite le même écartement sur la voie, de l'une à l'autre, que celui qui existe entre ces deux plans sur l'essieu des roues auquel ils appartiennent.

Or, en Piémont l'écartement des plans verticaux passant par le sommet des mentonnets est de $1^{m},384$ ; il faut donc donner aux axes des ornières des deux rails de la voie, le même écartement.

La largeur de voie du tramway s'en déduit d'après les dimensions du rail. Elle serait de $1^{m},484$ environ avec le rail courbe de la fig. 13, en la mesurant de l'extrémité E du rail proprement dit à l'extrémité symétrique du rail de l'autre côté de la voie.

Quant à la chaussée comprise entre les deux contre-rails, elle n'aurait que $1^{m},304$ de compas du point F au point symétrique correspondant sur l'autre rail.

La largeur de voie adoptée pour les tramways du système Loubat qu'on a construits à Paris est de $1^{m},54$ environ de sommet à sommet des rails proprement dits.

On voit tout de suite qu'avec cette dernière mesure, il n'y a pas possibilité, à part même les incompatibilités qui résultent du dessin du gabarit du rail avec la jante des roues des wagons ordinaires, d'utiliser le matériel roulant des chemins de fer à locomotives sur les chemins de fer à ornière et à chevaux.

Cette impossibilité n'est pas particulière au Piémont, elle existe encore pour les autres pays ; car la construction des grandes voies ferrées est établie partout sur des règles à peu près uniformes.

Deux chevaux attelés de front occupent une voie de $1^{m},20$ à $1^{m},30$ de large environ c'est tout juste ($1^{m},304$) ; ce qui reste de large à la chaussée centrale entre les deux rails distancés suivant les principes que nous avons posés tout à l'heure.

La largeur de voie adoptée pour les tramways Loubat laisse au contraire à la chaussée intérieure une largeur de $1^{m},42$ environ. Cette dimension, qui éloigne davantage les pieds des chevaux de l'ornière, est sans doute plus favorable à l'attelage de deux bêtes de front ; mais nous pensons qu'en matière de tramway, les voitures à un cheval doivent être préférées aux voitures à deux chevaux et ensuite l'attelage en file à l'attelage de front. L'expérience a démontré depuis longtemps qu'il valait mieux exercer le roulage avec un matériel locomobile léger qu'avec un matériel colossal. Le modeste et simple chariot comtois l'a toujours emporté en effet utile sur la vaste et lourde *malbrouk*. Six chariots comtois attelés chacun d'un cheval enlevaient 9000 kilogrammes de marchandise, la *malbrouk* attelée à elle seule de six et même de sept chevaux n'enlevait que 6 à 7000 kilogrammes.

Mais la mode, quelque irrationnelle qu'elle soit, veut aujourd'hui que les voitures destinées aux chemins de fer soient d'une dimension et par conséquent d'un poids énormes. La mode est plus puissante que le calcul et que la pratique : elle pousse la carrosserie dans cette voie, sans songer qu'en augmentant les proportions des chariots on augmente le poids mort d'un convoi au détriment du poids utile, et qu'on répartit en outre au détriment de la durée des rails, la charge du transport sur un nombre moins considérable de points d'appui.

Nous ne doutons pas qu'un jour, lorsqu'on aura reconnu l'importance économique de raccorder d'une manière systématique et solidaire les embranchements aux grandes artères, et compris par suite, la nécessité de créer un matériel roulant commun, en partie du moins, aux deux genres de voies, on ne soit ramené à des règles plus rationnelles en matière de carrosserie. Il sortira rapidement de cette nécessité un matériel roulant plus léger que celui d'aujourd'hui, plus maniable, plus mobile, mieux approprié enfin aux circonstances ordinaires et aux forces modérées, qui constituent communément le domaine pratique de l'homme.

## § 6. DE LA ROUE.

Nous avons déjà dit que la roue était un des organes les plus importants, nous aurions dû dire l'organe le plus important du matériel locomobile des transports par voie de terre.

L'invention de la roue se perd dans la nuit des temps. Elle est sans doute d'origine rustique. La roue sort des champs et non de la ville. Elle est l'œuvre de quelque laboureur industrieux, cultivant la terre et récoltant ses moissons. Quoiqu'il en soit, son inventeur nous a légué les profits de sa découverte sans nous transmettre son nom, et le monument qui serait dû, à juste titre, à ce bienfaiteur de l'humanité, ne pourrait malheureusement porter que cette inscription imitée du *Deo ignoto* : A l'inventeur inconnu

Fig 15.

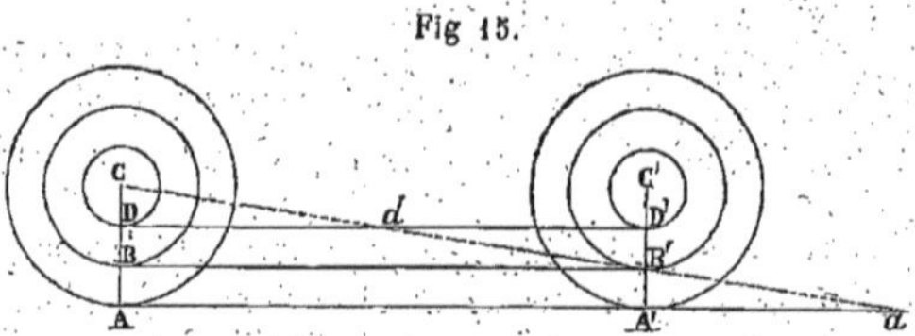


de la roue. L'antiquité l'a placée dans le ciel, à côté des constellations du grand et du petit chariot.

Nous ne voulons point faire ici un traité de la roue, encore moins de charronnage, mais donner seulement quelques principes généraux relatifs à cet art, et selon nous trop confusément connus.

Anaximandre nous a transmis un paradoxe de la géométrie antique, qui va servir merveilleusement à notre dessein.

Supposons (fig. 15 trois cercles concentriques CA, CB et CD, menons à l'extrémité des rayons verticaux CA, CB et CD trois horizontales, perpendiculaires à la direction générale CA. Admettons en outre que ces cercles soient solidaires les uns des autres, de manière qu'en faisant rouler le cercle B du milieu, par exemple, sur la ligne BB', les autres cercles A et D soient obligés en même temps de parcourir leurs horizontales respectives AA' et DD'.

Il est évident que le cercle B, après une révolution entière, aura parcouru sur la ligne BB' une distance BB' égale à la circonférence du cercle et que le point B sera venu en B'.

Mais les autres cercles, liés au premier, ont suivi le même mouvement, de manière que le point D du plus petit est venu en D′ et le point A du plus grand en A′, sur la même verticale CD′B′A′.

Or, disait le sophiste grec, puisque la ligne BB′, parcourue par le cercle B, est égale à sa circonférence, la ligne DD′ parcourue par le cercle D est égale aussi à la circonférence de ce dernier, et de même la ligne AA′ équivaut à la circonférence A. Or les trois lignes conductrices étant égales entre elles, les circonférences des trois cercles concentriques sont égales aussi, donc les trois cercles eux-mêmes sont égaux entre eux, donc le contenu égale le contenant et la partie égale le tout.

Il n'est pas bien difficile d'éventer le jeu du sophisme. Les deux cercles A et D ne roulent pas sur les lignes, j'allais dire sur les rails AA′ et DD′, comme le cercle directeur B sur l'horizontale BB′ ; mais, emportés tous les deux par ce dernier, ils éprouvent un mouvement de glissement qui a lieu en avant pour le petit cercle D, et en retard pour le grand cercle A.

Si nous joignons par une ligne droite indéfinie le centre C au point d'arrivée B′ du cercle mitoyen, nous irons couper le chemin DD′ du petit cercle en un certain point *d* et le chemin AA′ ou son prolongement en un certain point *a*. Nous avons, dans les différentes figures des triangles semblables qui en résultent, les proportions :

$$Aa : BB' :: CA : CB$$
$$Dd : BB' :: DC : CB.$$

Or, comme les rayons sont proportionnels aux circonférences, il résulte que c'est la distance D*d* qui est égale à la circonférence du petit cercle, et la distance A*a*, à la circonférence du grand. De manière que la quantité de glissement en avant, effectué par le petit cercle, outre sa route de roulement, est représentée par la distance *d*D′, et celle de glissement en retard, éprouvée par le grand cercle au détriment de son transport de roulement, est égale à A′*a*.

Telle est la véritable solution du paradoxe d'Anaximandre. Nous y allons trouver l'explication de plusieurs faits relatifs aux roues de voiture sous l'état dynamique et qui ne sont pas indifférents à l'art de les construire, ni à celui d'établissement des voies sur lesquelles elles sont destinées à rouler.

Ainsi, on comprend tout de suite le rôle que jouent les cercles concentriques de rayons moindres que les cercles extrêmes de la roue, quand celle-ci se creuse une ornière dans le sol de la voie. Les cercles de moindres rayons se trouvent alors dans les mêmes conditions que le petit cercle D de ci-dessus. Ils subissent un effet de transport et de glissement qui fait éprouver à la traction une résistance d'autant plus grande que le nombre de ces cercles engagés dans l'ornière est plus considérable.

La pression plus ou moins forte du terrain par la double paroi de l'ornière sur les deux faces de la roue est aussi un élément énergique de cette résistance à la traction, mais qu'il nous importe peu d'examiner d'une manière absolue pour l'objet que nous nous proposons.

De là, la nécessité de faire aux roues une route parfaitement unie et incompressible.

Aussi a-t-on bien vite remplacé en pratique les chaussées, tracées d'abord tout simplement sur le sol, par des empierrements artificiels exécutés avec soin, comprimés sous le rouleau compresseur et maintenus par le balayage, l'arrosage et les réparations, dans un état de propreté et d'homogénéité convenables, de manière à présenter aux roues, pour appui, des surfaces aussi unies et aussi résistantes que possible.

Dans la série des perfectionnements que les routes ont subis, on peut dire que le pavage a succédé à l'empierrement et le dallage au pavage, le grès au caillou et le granit au grès. Cependant, on doit reconnaître que le macadam a eu dans l'application la part incomparablement la plus large. Les diverses espèces de pavage n'ont guère franchi l'enceinte des villes et sont restées le domaine plus spécial des rues ou des routes de luxe.

Enfin, de nos temps, le fer a succédé tout à coup au granit sur une grande échelle. On arrivait ainsi à l'emploi d'une matière entièrement résistante. On pouvait dès lors présenter aux roues, des voies de support véritablement incompressibles et composées de surfaces susceptibles même du poli métallique. Le problème était résolu, on avait atteint la perfection du genre.

Généralement, les jantes des roues sont cylindriques, c'est-à-dire qu'elles se terminent parallèlement à l'axe de rotation par une ligne droite d'une certaine longueur, qui constitue la largeur de la jante et qui représente aussi la trace d'appui de la roue ou de tous les cercles extrêmes égaux, sur le sol uni de la route.

Tant que la roue parcourt une ligne droite, le roulement s'exécute également pour tous les cercles de support, mais cela n'a plus lieu dans le cas d'un parcours en ligne courbe.

Fig. 16.

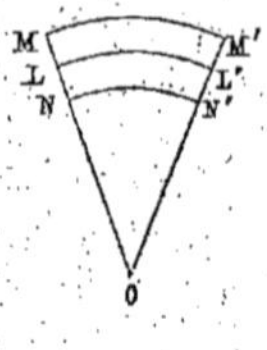

En effet, soit, par exemple fig. 16 une voie circulaire MM', NN', dont le centre est en O et composée nécessairement de circonférences ou portions de circonférences concentriques de longueurs différentes ;

Soit encore MN la largeur de la jante, sur laquelle nous considérons seulement trois des cercles de la roue : ceux des deux rebords latéraux dont M et N sont les points de contact avec la voie, enfin le cercle moyen L ;

Il est évident que dans le mouvement de rotation de la roue le cercle intérieur N aura à parcourir une courbe NN' plus courte que le chemin de parcours du cercle moyen L, tandis que le cercle extérieur M aura au contraire à fournir dans le même temps une course MM' plus grande.

Nous nous trouvons encore dans les mêmes conditions du paradoxe d'Anaximandre, c'est-à-dire de glissement en arrière pour le cercle N et de glissement en avant pour le cercle M. D'où il résulte nécessairement des frottements et des résistances préjudiciables au libre mouvement de la traction.

Quoique les choses se passent ici dans un espace trop resserré pour que ces résistances soient considérables, celles-ci ne laissent pas que d'être sensibles à la longue. Les jantes des roues ordinaires en portent la preuve irrécusable ; car la bande de fer dont elles sont composées, s'use rapidement sur ces bords par suite des frottements dus au glissement contenus, auxquels ces bords sont soumis.

Ces inconvénients cesseraient évidemment d'avoir lieu, si la jante reposait sur la voie par le seul point de contact du cercle moyen L.

On peut remplir cette condition en donnant au gabarit de la jante une forme convenable. Le modèle demi-circulaire de la *fig.* 9 ne laisse rien à désirer sous ce rapport. Il reproduit à priori la forme, que la force des choses elle-même procure aux jantes des roues ordinaires après quelques jours de service.

On peut également arriver au même résultat, en modifiant la voie elle-même ou mieux encore en modifiant simultanément la voie et la jante, comme cela a lieu dans le cas des chemins de fer, où le gabarit du rail est dessiné d'accord avec le profil de la jante.

Mais ici, comme il s'agit en outre de s'opposer au déraillement des convois et que les roues sont armées à cet effet des mentonnets qui débordent les cercles de support, on donne dans un sens convenable aux parois de la jante, destinées à poser sur le rail, une légère inclinaison conique qui tend à repousser la roue vers l'intérieur de la voie, afin que le mentonnet n'ait à remplir son office que dans les cas extrêmes. En effet, si le mentonnet frottait constamment dans sa course contre les côtés intérieurs du rail, nous tomberions dans le cas du grand cercle A du paradoxe d'Anaximandre, et la force motrice aurait à déterminer, au détriment de l'effet utile, le glissement en avant de tous les cercles de plus grand rayon s'appuyant contre les dits côtés intérieurs du rail.

Quant au gabarit du rail, il est lui-même dessiné de manière à annuler aussi le plus possible les inconvénients de glissement, dus aux cercles de rayons divers de la jante. Il s'éloigne de celle-ci autant que possible.

C'est pourquoi la pratique, d'accord avec la théorie, a fait préférer le rail à champignon à tout autre modèle. C'est pourquoi encore nous avons donné nous même dans les profils des rails Loubat modifiés et de notre rail courbe, une légère proéminence E' (fig. 12, 13 et autres) au relief de support du côté de l'ornière, afin que dans le cas où le mentonnet de la roue vient à s'appuyer contre ce relief, le contact n'eût lieu que sur une seule circonférence de la roue et non sur plusieurs à la fois.

Il ne paraît pas que dans le rail Loubat proprement dit, on se soit beaucoup préoccupé de ce détail. La proéminence E' n'y existe pas. Aussi le frottement du mentonnet contre la paroi trop raide EG de l'ornière (fig. 6 et 10) y a nécessairement lieu à la fois sur plusieurs cercles concentriques du mentonnet.

Toutefois, on ne manque pas de s'opposer, dans le système Loubat, au contact absolu et continu du mentonnet contre la paroi directrice de l'ornière, par la façon au moins dont les jantes des roues sont profilées. On donne aux bandes de ces jantes, comme pour les roues à wagons ordinaires, une légère conicité, disposée de manière à rappeler sans cesse les roues de chaque côté du véhicule vers le centre de la voie. Cet effet de rappel intérieur est augmenté peut-être encore par la brusque courbure (fig. 10) qui termine la bande conique et qui a pour objet également de refouler par effleurement, hors du rail, les terres longeant la voie sur les accotements de la route.

Si nous considérons maintenant un couple de roues appartenant au même axe, nous nous trouvons en présence de deux dispositions également adoptées en carrosserie.

Dans l'une, l'axe fixe est lié invariablement au corps du véhicule ou de l'avant-train, et les deux roues sont mobiles autour de cet axe.

Dans l'autre, les deux roues sont unies à leur axe, de manière à former un tout solidaire, qui tourne d'un bloc dans les coussinets ménagés à cet effet sous le coffre du wagon. Les deux roues constituent ensemble comme un cylindre roulant sur une surface.

Un cylindre qui roule sur une surface plane suit nécessairement une direction rectiligne. On en trouve la raison dans le paradoxe d'Anaximandre et son corollaire. Cette direction ne pourrait être changée en courbe qu'en obligeant les cercles extrêmes du cylindre, ou les deux roues solidaires du couple que représente ce cylindre, à des glissements en avant pour la roue la plus excentrique et en arrière pour la roue intérieure. Ces glissements engendreraient des résistances qui s'opposeraient sans interruption au mouvement curviligne du système, fatigueraient les roues et la voie, ou les rails dans le cas d'un chemin de fer.

Mais, si au lieu d'un cylindre roulant, on supposait un cône à base circulaire, ce cône, à l'opposé du cylindre, décrirait naturellement sur une surface plane un cercle, dont le centre serait le sommet du cône lui-même.

Cela démontre, ce qui d'ailleurs résulte encore du paradoxe d'Anaximandre, que pour faire parcourir naturellement à un couple de roues solidaires, une courbe circulaire plane tracée sur un plan, il faut diminuer le rayon de la roue intérieure, de manière à changer le cylindre du système en un cône, dont le sommet se confondrait avec le centre de cette courbe. Les deux roues de droite et de gauche du couple considéré, constitueraient ainsi deux sections parallèles de ce cône et perpendiculaires à son axe.

Les véhicules sont le plus souvent composés de deux couples de roues, quelquefois même d'un plus grand nombre. La nécessité que chaque couple doive former un système conique, dont le sommet se trouve au centre même de la courbe de parcours, détruit l'idée du parallélisme des axes de ces roues durant tout le trajet curviligne.

L'accomplissement de ces conditions présente en pratique de graves difficultés ; car il faudrait pouvoir détruire à point nommé le parallélisme des axes des roues sur le cadre de la voiture et changer tout à la fois, dans chaque couple, le rayon des roues intérieures au moins, de manière que les prolongements de ces axes convergeassent tous vers le centre de la courbe circulaire, que la route offrirait tout à coup à la course du convoi.

Autant de courbes diverses, autant de fois faudrait-il faire varier la combinaison conique des roues et les angles de convergences des axes.

On conçoit, toutefois, que dans le tracé d'un chemin de fer on puisse toujours poser des limites aux conditions du problème, en combinant ce tracé avec les obstacles du sol, de manière que les courbes de petits rayons se réduisissent à deux et même à une seule espèce pour toute la ligne, ce qui, dans le dernier cas, réduirait aussi à l'unité le système conique des roues et la convergence des axes.

La question ramenée à ces termes, nous pourrions indiquer ici par quels artifices de construction de la voie et du matériel roulant, on arriverait à une application pratique de la théorie ; mais nous laissons à chacun le soin de deviner une solution, dont l'exposé sortirait du cadre de notre travail, et que d'ailleurs nous nous contenterons d'effleurer plus loin.

Malgré les inconvénients inhérents au système des roues solidaires avec leur axe, on a cependant adopté cette disposition pour les chemins de fer. Aussi, le parcours des courbes d'un petit rayon est-il un objet constant de souci pour les constructeurs de railways. Le seul moyen qu'ils aient à leur service pour résoudre la difficulté, c'est de les éviter, en ne s'éloignant que le moins possible de la ligne droite dans le tracé de la voie. Les courbes qu'ils adoptent, quand les circonstances les y obligent, ont généralement pour limite inférieure un rayon de 450 mètres au moins [1].

Toutefois, ils ne négligent pas, même pour le parcours de ces grandes courbes, de recourir à tous les expédients de construction, soit dans le matériel roulant, soit dans la voie, qui sont à leur disposition.

Ainsi, dans le but de favoriser la convergence des axes des roues vers le centre de courbure, ils laissent aux coussinets de chaque essieu, un certain jeu latéral dans les fourchettes qui sont posées à cheval sur ces coussinets même et qui servent de support au cadre du véhicule.

Pour remédier ensuite aux inconvénients du système cylindrique de chaque couple de roues, ils se servent de la conicité attribuée, comme nous l'avons vu plus haut, à la jante des roues, pour déterminer autant que possible, durant la marche curviligne, le système des couples coniques nécessaire à la circonstance. En effet, la roue extérieure sollicitée dans la course circulaire par la force centrifuge, est pressée contre le rail extérieur ; elle roule ainsi sur un des cercles de grand diamètre du cône de la jante, tandis que la roue intérieure, suivant le mouvement, tend au contraire à rentrer dans le milieu de la voie et roule sur les circonférences de la jante du plus petit rayon.

Enfin, comme dernier expédient, ils ont soin de donner une certaine surélévation au rail courbe extérieur de la voie sur le rail intérieur. Nous reconnaissons que l'on oppose, par cette disposition, un frein plus efficace au mouvement centrifuge des wagons et qu'on maintienne ceux-ci plus énergiquement dans la courbe de parcours ; mais à part ce rôle de modérateur coërcitif et brutal, qui s'exerce aux dépens du matériel, s'est-on jamais bien rendu compte de l'opportunité scientifique de cet exhaussement du rail extérieur ? Pour être dans le vrai, on aurait dû abaisser le rail intérieur au-dessous du rail extérieur, invariable dans le plan de parcours. Nous le démontrerons tout à l'heure.

Dans ces coudes de la voie, la courbe intérieure qui constitue un des rails, est plus courte, nous l'avons vu, que la courbe extérieure qui constitue l'autre. Il est évident que si l'on arrivait, par une disposition quelconque, à rendre égales ces deux courbes, on aurait résolu la difficulté des parcours curvilignes, au moins pour un couple isolé de roues, puisque la distance que chacune des deux roues aurait à franchir, admettrait pour l'une comme pour l'autre le même nombre de révolutions roulantes.

[1] En France, le minimum est fixé à 300 mètres. (Note de l'éditeur.)

Nous allons aborder la solution de ce problème, autant pour démontrer les inconvénients qu'elle rencontrerait dans l'application, que pour instruire le procès de l'expédient de l'exhaussement du rail extérieur.

Nous représenterons (fig. 17) par les deux courbes concentriques M et N, les conductrices des deux rails de droite et de gauche, que doivent suivre les roues d'un même couple et qui ont le même centre O. Le parcours de ces courbes est limité aux deux rayons ONM et ON'M', où commence et finit la voie curviligne entre deux voies rectilignes.

La seule supposition admissible pour nous, est que la courbe extérieure OM' ou de plus grand rayon soit conservée et que la modification porte sur la courbe intérieure NN'.

Il est évident que la nouvelle courbe qui doit remplacer celle-ci, doit toujours se trouver à une distance du rail MM', égale à la largeur MN de la voie, elle ne doit pas abandonner la surface d'un cylindre annulaire qui aurait pour axe la circonférence MM' et pour section normale à cet axe un petit cercle d'un rayon égal à MN.

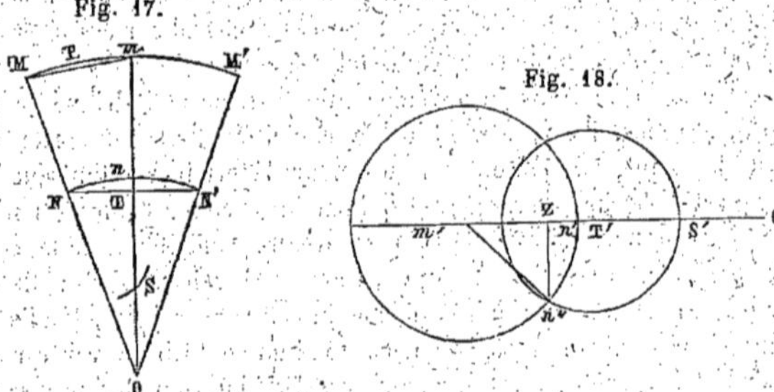

Fig. 17. Fig. 18.

Prenons une position de cette section, la position en *m* équidistante des deux points M et M', et dont nous représentons la coupe (fig. 18) par le cercle *m'n'*.

Le centre *m'* de ce petit cercle figure la courbe extérieure et le point *n'* de sa circonférence sur l'horizontale *m'*O', la courbe intérieure primitive.

Si nous joignons (fig. 17) les extrémités N et N' de la courbe intérieure par la corde NN', celle-ci coupera à l'angle droit le rayon O*m* au point T. En faisant sur la fig. 18, *n'*T' égal à *n*T de la fig. 17, le nouveau point T' représentera sur la figure de la coupe, la corde NN' elle-même ou sa projection.

Il est évident que le point de la courbe de substitution, correspondant au point considéré *m* de la courbe extérieure, doit se trouver quelque part sur la petite circonférence de coupe *m'*, en même temps que sa distance curviligne au point N doit être égale à la distance curviligne du point *m* au point M. Mais au lieu de déterminer ce point par la courbe, nous aurons recours à la corde M*m* pour obtenir une solution équivalente de sa position. Avec cette corde, donc décrivons du point N comme centre un arc de cercle S, qui coupe en S le rayon moyen O*m* et nous donne la distance TS. Celle-ci transportée dans la fig. 18 va nous permettre de décrire une circonférence T'S' du centre T'. Il est évident que la rencontre de cette nouvelle circonférence avec la petite circonférence de section $m'$ nous donnera le point $n''$ de la courbe de substitution correspondant au point $m$ et par conséquent le triangle rectangle $n''im'$ nécessaire à l'établissement de ce même point $n''$ sur le terrain; $m'n''$ sera la trace de la voie sur la coupe verticale de la **fig. 17**.

On comprend qu'on pourrait déterminer, par le même procédé, un autre point de la courbe de substitution correspondant à un second point P de la courbe extérieure, situé entre M et $m$ et que l'on construirait ainsi entre les deux points N et N' une courbe de parcours intérieure égale à la courbe extérieure, puisque chaque point de cette nouvelle courbe serait éloigné des points extrêmes, comme chaque point correspondant de la courbe MM' l'est des extrémités M et M'.

Mais si nous jetons les yeux sur la trace $m'n''$ de la voie, nous voyons que dans le cas où le rayon T'S' serait considérable, la solution serait ou impossible ou pratiquement inadmissible; car si d'une part on est arrêté par la largeur fort limitée de la voie qui constitue le rayon $m'n''$, de l'autre, il ne convient pas non plus de donner à la trace $m'n''$ de cette voie, une inclinaison trop prononcée qui ferait pencher les wagons d'une manière incommode pour les voyageurs.

Le centre du cercle T'S' et le rayon de ce cercle sont donc aussi soumis à leur tour à des limites qu'il ne faut pas franchir.

Nous pourrions bien rechercher ici géométriquement pour diverses courbes de parcours, quelles sont ces limites, mais ce soin nous entraînerait dans des détails qui finiraient par surcharger notre travail et nuire à la clarté générale de notre exposé. Nous avons indiqué l'inconvénient, cela suffit à notre but.

Il en résulte que les arcs de la courbe extérieure, destinés à la composition de la courbe intérieure, doivent être d'une longueur très-limitée, et que, par conséquent, si la courbe extérieure présente un développement considérable, on ne peut en déduire pratiquement la courbe intérieure que portion par portion, de manière que celle-ci représentera une suite d'arcs transportés et formant une ligne ondulée.

Ces ondulations de la courbe intérieure nuiraient-elles au roulage des wagons ? C'est ce que la pratique seule pourrait décider. S'il n'y avait qu'un seul couple de roues solidaires par wagon, nous pourrions répondre que les inconvénients seraient sans gravité; mais nous nous trouvons en présence de deux couples de roues maintenus dans un cadre inflexible et opposant sa rigidité non-seulement aux inflexions de la voie dans le plan de parcours, mais encore aux ondulations qui sortiraient en dessus ou en dessous de ce plan, comme dans le cas du rail intérieur ondulé. Il est vrai que le cadre des wagons repose sur les axes des roues, par l'intermédiaire de ressorts flexibles et que les coussinets de ces axes peuvent en outre glisser de bas en haut dans la fourchette où ils sont emboîtés. Cette disposition déjà adoptée, ne parerait-elle pas, moyennant quelques perfectionnements peut-être, aux inconvénients de la rigidité du cadre du véhicule emporté sur une ligne ondulée?

On voit, par l'étude de ces transformations des courbes de parcours, en quoi consiste l'erreur où tombent les constructeurs de chemins de fer dans l'exhaussement empirique du rail extérieur pour le parcours des coudes de la voie. Au fait, pour vouloir s'opposer matériellement aux chocs de la force centrifuge du roulage, ils ne font qu'augmenter les inconvénients de l'inégalité des courbes intérieures et extérieures et qu'adopter un remède pire peut-être que le mal.

On voit aussi, par tout ce qu'on vient de lire, à quelle succession de difficultés a conduit l'adoption des roues solidaires avec leur axe.

Dans le cas des roues mobiles, au contraire, autour de leur axe, il n'y a pas à se préoccuper de la différence de longueur des courbes extérieures et intérieures d'un coude de la voie, car alors la roue intérieure, dont le mouvement de rotation est indépendant de la roue extérieure, diminue sa vélocité en proportion de la diminution du rail courbe qu'elle parcourt, tandis que la roue extérieure augmente la sienne en proportion de l'augmentation du rail extérieur. Il doit s'établir entre le mouvement des deux roues une différence de vitesse, dont la moyenne serait donnée par une roue qui suivrait un rail au milieu de la voie.

Ainsi, avec les roues solidaires sur leur axe, il y a pour la construction des voies courbes et des voitures à quatre roues qui en dépendent, deux questions à résoudre ;

1° Celle qui tient à cette solidarité même et par conséquent à chaque couple de roues pris individuellement et pour laquelle nous avons indiqué deux solutions :

2° Celle qui dépend du cadre rigide auquel sont invariablement liés deux couples de roues au moins, de manière que l'ensemble du système oppose un rectangle inflexible aux courbures des coudes.

Avec les roues mobiles autour de leur axe, on se trouve en présence seulement de cette dernière difficulté. Elle est commune aux deux systèmes d'attache des roues. Il convient de l'examiner quelque peu.

La solution rigoureuse réside évidemment dans la convergence en temps utile de l'essieu des roues vers le centre de courbure.

Sur les routes ordinaires, elle ne présente aucune difficulté. Le train des roues de devant est mobile autour d'un pivot et tourne sous le coffre de la voiture, dans un plan parallèle à la route, aussitôt que le cheval dévie de la ligne droite. Si les courbes décrites dans ce mouvement sur le terrain par les roues de l'avant-train ne coïncident pas avec les courbes décrites pas les roues de l'arrière, cela importe peu ici, où la route présente au roulage une surface plus que suffisante pour permettre ces écarts de parcours. Mais il n'en est pas ainsi pour les chemins de fer. Les roues de l'avant et celles de l'arrière-train sont assujetties à suivre respectivement de chaque côté du wagon, le même rail et par conséquent la même courbe.

Comment faire pour arriver à remplir cette condition ?

La difficulté est sérieuse. Si l'on considère en effet ce qui a lieu au moment du passage d'un wagon de la voie rectiligne à la voie courbe, on voit que le cadre des roues Rrr'R', lancé en ligne droite et continuant à maintenir sa position première sur l'arrière-train, s'écarte évidemment de la voie courbe (fig. 19).

Si donc les roues de l'avant-train sont invariablement attachées à ce cadre, elles sont emportées dans ce mouvement inflexible qui tend à les faire dérailler suivant la tangente.

Si seulement les mêmes roues peuvent converger vers le centre O, en tournant sous le cadre du wagon autour d'un point P, pris sur le centre même de leur essieu, elles sont encore exposées au même inconvénient ; car le point P étant transporté hors de la courbe moyenne de parcours par l'effet de la rigidité du wagon, les roues attachées aux extrémités de l'essieu R'Pr' ne peuvent qu'être transportées encore hors de leur rail respectif.

Aussi, pour que ce déraillement théorique n'ait pas lieu, faut-il qu'en même temps que l'essieu R'r' converge vers le centre de courbure O, le point P puisse se rapprocher simultanément vers ce même centre O, indépendamment de la direction rectiligne du wagon ; ce que l'on peut obtenir en plaçant le pivot P, sur lequel le système de l'avant-train doit faire son mouvement de conversion, en dehors de l'axe des roues, en P' par exemple. Alors les roues peuvent prendre sans effort la position normale voulue R''qr'' dans laquelle *q* représente le centre transporté de l'essieu.

Fig. 19.

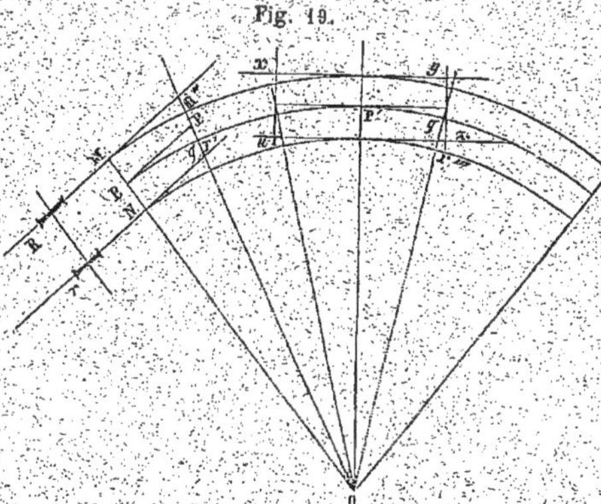

Mais une fois le wagon engagé tout à fait sur la courbe de parcours, les roues de l'arrière-train doivent éprouver à leur tour le même mouvement de conversion et de transport à la fois vers le centre invariable de courbure. La fig. 19 rend compte de cette nécessité en R'''r'''. Là, le cadre du wagon occupe toujours la tangente normale au rayon moyen OP' des deux essieux de l'avant et de l'arrière-train, et ces deux essieux, en pivotant autour du pivot excentrique P', ont subi l'un et l'autre le mouvement de transport et de conversion nécessaire, lequel aura lieu plus tard en sens contraire et successivement pour les deux couples de roues, au moment où le wagon sortira de la courbe pour reprendre la course rectiligne.

Il ne suffit pas de définir théoriquement la nécessité de ce double mouvement de conversion et de transport des roues au passage des courbes, il faut encore pourvoir à son application pratique.

Dans les tramways du système Henry, on peut adopter sans inconvénient, comme en effet l'inventeur le propose, des trains de roues librement articulés, parceque les rails de ce genre de tramways, étant en contre-bas de la chaussée, la direction des roues est toujours commandée par le relief de cette chaussée, qui rend tout déraillement à peu près impossible.

De même, on ne voit tout d'abord aucune objection sérieuse à l'adoption d'une disposition semblable pour les tramways à ornière. En effet l'ornière servant suffisamment dans ce cas encore, de frein et de guide au mouvement et au mentonnet des roues, éloigne les chances d'un déraillement, d'ailleurs sans danger avec le moteur vivant mais docile du système. Il résulte cependant de l'emploi des trains articulés, un inconvénient d'une autre nature. L'oscillation constante de chaque couple de roues autour de la cheville ouvrière, amène une suite de positions diagonales des essieux relativement aux lignes parallèles du rail, qui font buter et frotter les mentonnets contre les parois de l'ornière, ce qui détermine un grippage continu, fatal pour le tirage. On verra plus loin les modifications qu'on a été obligé d'apporter au tramway de Versailles pour parer à ce défaut, aussitôt qu'on voulut s'y servir de voitures à trains articulés.

Mais dans le cas des chemins de fer à locomotive, où le moteur est une force aveugle et où le rail, en forme de champignon, sort du niveau de la voie, l'articulation libre des trains d'un wagon pourrait présenter quelque danger, et les chocs inégaux d'une course effrénée faire dévier de la direction voulue les couples indépendants des roues.

On ne peut pas nier, en effet, que l'assemblage invariable de deux couples sur le même cadre ne présente dans les parcours rectilignes une stabilité plus grande pour le roulage cylindrique, et plus de sécurité contre le déraillement qu'un seul couple isolé.

Tout en respectant cette donnée, on a réalisé en Amérique une solution, sinon irréprochable au point de vue théorique, de la difficulté des trains articulés, mais suffisante au moins en pratique, pour la plupart des cas.

Il est évident que le double mouvement de conversion et de transport est d'autant plus petit, que le cadre qui sépare deux couples de roues d'un wagon est plus resserré. On peut donc considérer jusqu'à un certain point le système de deux couples très-rapprochés l'un de l'autre comme composé d'un seul couple de roues, relativement aux courbes de parcours ordinaires.

Aussi, les constructeurs américains réunissent-ils, sur l'avant-train d'un wagon, deux de ces couples, en ne donnant à la distance réciproque des essieux que l'espace nécessaire pour la rotation des roues et deux autres semblables sur l'arrière-train. D'ailleurs, l'avant et l'arrière-train sont articulés et peuvent chacun se mouvoir autour d'un pivot convenablement disposé.

De cette manière, le déraillement n'est pas possible dans les parcours rectilignes, à cause du cadre inflexible de chaque train du wagon, et dans les parcours courbes, ces mêmes trains se comportent, chacun de leur côté, comme s'ils n'étaient composés que d'un seul couple de roues. L'articulation dont ils sont doués leur permet d'opérer le double mouvement de convergence et de transport, et aux roues, de suivre sans effort les rails dans les courbes de la voie.

Mais si l'on voulait arriver à une solution plus rigoureuse encore de la question, on pourrait, dans le cas des roues solidaires avec leur essieu, déterminer la convergence des roues par un artifice de mécanique et passer, par un artifice de construction de la voie, du système cylindrique des roues au système conique.

Pour obtenir le passage du cylindre au cône, il suffirait d'établir des roues à jantes concentriques et de remplacer, au moment des courbes, le rail intérieur par un autre, propre à recevoir la jante de moindre rayon de la roue intérieure.

Quant à la convergence des essieux vers le centre de courbure, elle pourrait avoir lieu par des moyens mécaniques fort simples.

Supposons que chaque essieu repose excentriquement, comme la corde d'un arc, sur un cercle ou couronne ayant pour centre le pivot P' de rotation et faisant partie d'un système d'engrenages assez stable pour assurer le parallélisme des essieux des roues dans le parcours rectiligne. Pour changer ce parallélisme en temps utile, on pourrait recourir à un point d'arrêt placé convenablement sur la voie et agissant au passage du wagon, par l'entremise d'une manivelle disposée à cet effet sur les engrenages du système et des couronnes, de manière à produire l'amplitude de convergence excentrique des roues, voulue par la circonstance.

Nous venons de donner la solution du problème pour le cas complexe des roues solidaires avec leur essieu.

M. Arnoux en a donné une pour le cas simple des roues folles, où il ne s'agit que d'obtenir la convergence des essieux. Le système Arnoux est trop connu pour que nous en donnions ici une description. On peut reprocher à ce système de compliquer encore le matériel roulant des chemins de fer déjà trop surchargé, et de faire dépendre surtout la convergence des essieux, de l'action coërcitive d'une suite de galets, pressant de l'intérieur de la voie contre les rails en relief des chemins de fer ordinaires.

Il est d'ailleurs inutile de faire observer ici que notre moyen d'obtenir la convergence des essieux est applicable aussi au cas des roues folles et d'une manière bien plus générale encore, relativement aux différentes espèces de rails adoptés ou proposés par l'industrie.

Il serait assurément difficile, après tout ce que l'on vient de lire, de conserver des doutes sur l'importance de la roue dans les questions de roulage et de chemins de fer. Cependant, nous sommes loin d'avoir épuisé la matière. Nous toucherons encore à deux points qui s'y rapportent directement et indirectement ; le premier est relatif à la dimension excentrique de la roue, et le second, aux rampes à gravir dans le tracé de la voie.

Deux mots nous suffiront pour fixer les idées sur le premier point :

On a adopté dans les chemins de fer un rayon de $0^m,45$ à $0^m,50$ pour les roues des wagons. Nous croyons qu'on aurait pu recourir à un rayon plus grand ; cela n'aurait pas nui à la traction. En effet, considérons un levier vertical AB appuyé sur le sol par le point B. Soit F une force horizontale appliquée en A et agissant de A vers F. L'effort de la force F sur le point de résistance B, par l'intermédiaire du levier AB sera représenté

par le moment : F × AB.

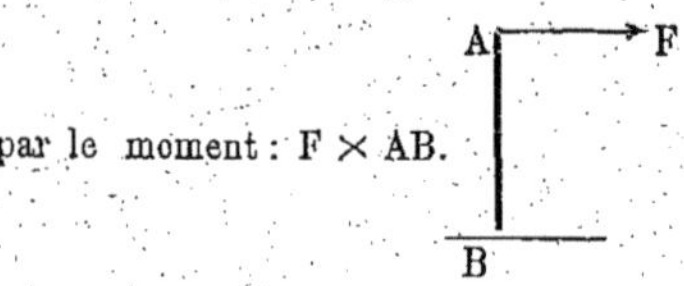


Plus donc le levier AB sera grand, plus il y aura d'effort produit.

Ainsi, si nous remplaçons dans notre pensée le levier AB par le rayon vertical d'une roue, nous pouvons dire également que plus le rayon d'une roue est grand, plus la traction sera facile.

En pratique, la grandeur du rayon d'une roue a certainement des limites, ne seraient-ce que celles imposées aux dimensions humaines par la création. Mais entre ces limites et celles adoptées pour les roues des chemins de fer, il y a une marge qu'on peut mettre à profit et qui autorise même des rayons de $0^m,70$.

Sur les chemins de fer les roues sont égales ; sur les routes ordinaires, les roues de l'avant-train des voitures sont ordinairement d'un rayon moindre que les roues de l'arrière, ce qui permet à l'avant-train dans le parcours des courbes, de se mouvoir sous le coffre de la voiture.

Cette disposition ne prêterait certainement pas à la critique, si le poids du véhicule et de sa charge était réparti sur l'avant et sur l'arrière-train proportionnellement aux rayons des roues. Malheureusement, les constructeurs de voitures tiennent généralement peu compte de cette condition. Toute construction qui répartit également le poids et la capacité d'un chariot sur des roues inégales ou qui le répartit dans des proportions différentes à celles des rayons est *théoriquement* vicieuse.

Pour s'en convaincre, il suffit de se figurer successivement des charges différentes sur les sommets A du bras de levier AB. Plus la pression verticale exercée sur ce bras de levier sera grande, plus il faudra de force F pour le renverser, ou si la force F est constante, plus il faudra de longueur au bras de levier, un des éléments du moment AB × F, pour produire le même résultat.

Nous avons dit *théoriquement* vicieuse parce qu'en pratique il convient de soulager de quelque peu la charge des roues de devant, au détriment de celles de derrière, afin que les roues de devant qui, les premières, ont à vaincre les obstacles de la route, risquent moins de se buter dans le sol.

Cette observation n'a de valeur que pour le cas des routes ordinaires, où la voie est plus ou moins susceptible d'être effondrée par l'action du roulage.

De même, sur des roues égales, il faut équilibrer également sur chaque train le poids de la voiture et de son chargement.

Le point d'attache du moteur au véhicule, du cheval par exemple, n'est pas non plus indifférent.

Le cheval produit la traction par son propre poids et par la tension des jarrets sur les points d'appui de la route. La résultante de ses efforts semble avoir son centre ou son nœud dans son poitrail. Chez le bœuf, ce nœud est plutôt situé dans l'encolure et même sur la tête.

L'élévation du poitrail du cheval au-dessus de la voie indique donc à quelle hauteur la force de traction F doit agir sur le levier AB, pour qu'elle n'ait pas lieu sous un angle qui en diminuerait évidemment l'effet.

Nous retrouvons encore ici une limite naturelle à la grandeur du rayon des roues. Cette limite donnée ici par l'élévation du poitrail du cheval au-dessus du niveau de la route, oscille encore comme celle que nous avons déduite tout à l'heure de la taille de l'homme autour de 0m,70. Elle permet, d'un côté, l'horizontalité de la traction à l'extrémité A du levier AB, et de l'autre, elle répond à nos forces dynamiques habituelles, sous le point de vue de la commodité du chargement des marchandises sur le véhicule, et de l'embarquement des voyageurs eux-mêmes.

Tant il est vrai que les faits qui tombent dans le domaine pratique de l'homme sont unis entre eux par des rapports pleins d'harmonie et de convenance, mais renfermés dans des limites qui excluent, dans l'application, les solutions indéfinies du calcul et de la théorie.

Si la roue était d'un rayon tel que la position du moteur exerçât son effort obliquement sur l'essieu de la roue de bas en haut, comme dans la fig. 20 ci-contre, alors la force de traction FA pourrait être divisée en deux autres, l'une AF′ horizontale et l'autre A$f$ verticale, qui tendrait à faire enfoncer la roue dans le sol.

Fig. 20.

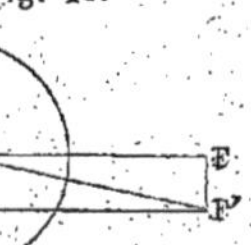


Évidemment cette disposition doit être rejetée de la pratique.

Si, au contraire, le rayon était assez petit pour que l'effort fût exercé de haut en bas, comme dans la figure 21, alors la composante verticale A$f$ tendrait au contraire à soulever la roue de terre. Dans l'un et l'autre cas, la force de traction ne produirait pas tout son effet, elle serait réduite à la composante horizontale AF′ ou, pour parler plus généralement, à la composante parallèle au tracé de la route.

Cependant, la disposition oblique de haut au bas de la seconde figure se rencontre le plus souvent dans les attelages ordinaires, par la raison que le cheval, se ployant sous l'effort du tirage, tend à ramener sans cesse la ligne AF vers l'horizontale AF′, et parce qu'en outre il vaut mieux produire sur la roue un mouvement de soulèvement qui en facilite la marche, qu'un d'enfoncement qui arrêterait le véhicule. Mais il ne faudrait pas abuser du procédé par des écarts angulaires considérables, parce que la composante de soulèvement de la roue, qui ne peut déjà se produire qu'au détriment de la force de traction, réagit comme une véritable charge sur le dos du cheval, au détriment encore de l'aptitude musculaire de celui-ci dans le sens du tirage.

Fig. 21.

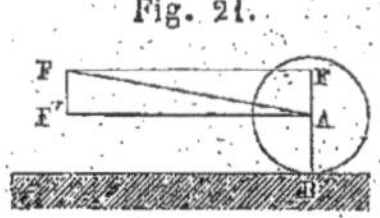


La question du soulèvement de la roue, comme nous l'avons déjà fait observer plus haut, est d'ailleurs superflue dans le cas d'une voie parfaitement unie, et par conséquent dans celui des chemins de fer, où la direction de l'effort de traction doit être, selon nous, de niveau avec l'essieu des roues ou tout au plus sous un angle supérieur presque insensible.

Voilà pourquoi toutes les roues des wagons, dont on compose les convois des chemins de fer et qui agissent comme moteur successivement de l'un à l'autre, sont et doivent être égales.

Cependant, la roue motrice des locomotives est généralement de beaucoup plus grande que la roue des wagons ; elle atteint jusqu'à 2 mètres de rayon dans le système Derosne et Cail.

L'essieu de la roue motrice représente pour nous le poitrail du cheval et la tête du bœuf. Il faudrait donc, d'après les idées que nous venons d'émettre, donner au rayon des roues du convoi une dimension moins disproportionnée avec la roue du moteur. Peut-être n'est-ce qu'à cette disproportion que l'on doit, en partie du moins, le mouvement de galop, mis entièrement par M. Lechatellier sur le compte de l'obliquité de la bielle motrice [1]. L'obliquité de l'effort de traction sur les roues de moindre rayon, nous paraît aussi devoir être prise en considération dans l'explication de ce phénomène dynamique.

Quoiqu'il en soit, il ne reste pas moins démontré, par ce qui précède, que le rayon des roues des voitures ne saurait être livré au compas capricieux des constructeurs. Si nous n'insistons pas davantage sur cette vérité, relativement aux chemins de fer à locomotive, c'est que nous nous trouvons en présence de l'usage établi et d'une fabrication universelle, tout empirique qu'elle soit. Mais à l'égard des tramways, qui font l'objet spécial de notre travail, nous avons le droit d'indiquer pour les roues, avec l'espoir au moins d'être écouté, des dimensions plus rationnelles et plus conformes aux vrais principes du tirage.

Nous croyons donc qu'un rayon de $0^m,60$ à $0^m,62$ répondrait tout à la fois aux exigences d'un bon service par les chevaux et d'une construction convenable des véhicules.

Il ne nous reste plus maintenant, pour terminer ce chapitre, que d'exposer quelques considérations sur les rampes dans le tracé des voies. C'est là encore une difficulté, qui comme les courbes, n'a eu que des solutions partielles limitées.

Le passage du Semring, en Autriche, est un des exemples les plus remarquables de la difficulté vaincue. La machine locomotive d'Engerth, aujourd'hui adoptée en France, sur le chemin de fer du Nord, pour remorquer les convois pesants, franchit aisément les rampes courbes de cet escarpement des Alpes Juliennes sur une longueur de près de 4,500 mètres. La traversée des Giovi, sur le chemin de fer de Gênes à Turin, présente sur le versant méridional des Apennins, des pentes de $0^m,035$, qui sont gravies par les machines accouplées, sorties des ateliers de Seraing (Belgique) et plus tard des ateliers de S. Pier d'Arena (Ligurie).

Mais il faut bien reconnaître que l'effet produit n'est cependant pas en rap-

[1] *Études sur la stabilité des machines locomotives en mouvement*, par M. Lechatellier, ingénieur des mines. Paris.

port avec le déploiement de forces et d'appareils mécaniques, auquel on a recours pour vaincre des rampes au fond insignifiantes. Les côtes des anciennes routes avaient jusqu'à $0^m,10$ et $0^m,12$ de déclivité par mètre ; la limite de $0^m,07$, c'est-à-dire le 7 pour 100, était un terme rationnel. Aujourd'hui, l'on trouve énormes pour les chemins de fer, malgré tous les moyens dont ils disposent, des rampes de 3 1/2 pour 100. Les locomotives conjuguées, du plan incliné de Pontedecimo à Busalla, passage de Giovi, présentent par couple, un poids de 56,000 à 60,000 kilogrammes et peuvent développer une force de 200 chevaux. Ces puissantes machines fatiguent considérablement la route qu'elles desservent. Elles sont, pour le matériel de la voie, comme pour elles-mêmes, une cause constante de destruction et de réparations fréquentes. Leur effet utile se réduit à pouvoir remorquer un poids brut de 82 à 85 tonnes, mais qui ne représente réellement que 50 tonnes de marchandises environ, soit 250 kilogrammes par cheval mécanique. Un pauvre cheval animé, au contraire, qui trouverait assurément fort douce la pente du plan incliné des Giovi, franchirait aisément ce passage avec un chargement utile de 1200 à 1500 kilogrammes, au moyen d'un simple chariot comtois. Certes, l'avantage n'est pas ici au chemin de fer.

Si nous observons ce qui se passe dans le roulage à chevaux, nous trouverions la raison de cette dépense inouïe de force, à laquelle on se trouve condamné, pour gravir les moindres pentes dans les chemins de fer à locomotive.

La surface de roulement qui supporte les roues n'est pas rigoureusement celle où les chevaux prennent leur point d'appui, de manière que l'une peut être adaptée au moteur et l'autre appropriée à la roue, comme cela arrive tout juste dans les tramways.

Chez ceux-ci, le rail destiné à supporter le roulement des transports est lisse et incompressible ; la chaussée, au contraire, que le cheval doit battre de son pied, est formée d'un empierrement convenable.

Mais sur les chemins de fer à locomotive le moteur prend son point d'appui sur la surface de roulement elle-même. On a donc créé ici une contradiction insoluble entre le remorqueur et le remorqué. Au premier, il faudrait, au lieu d'un rail miroitant, une surface dépolie susceptible de donner prise à l'action de la force motrice, c'est-à-dire, tout le contraire de ce qui conviendrait au second. La solution du problème des rampes ne paraît donc pas du système actuel des chemins de fer à locomotive. On la trouverait peut-être dans l'addition d'une roue motrice intermédiaire ou de deux roues latérales marchant sur une ou deux bandes compressibles et élastiques, placées parallèlement aux rails de roulement. En quelle matière pourrait-on établir ces bandes supplémentaires destinées à la traction ? Telle est la question que nous laisserons au lecteur le soin de résoudre.

L'industrie a aujourd'hui à sa disposition des matières et des agents précieux : l'attraction galvanique d'une part, et de l'autre la gutta-percha, la glu marine, la craie et la résine. Un emploi convenable de cet agent ou de ces substances conduirait peut-être plus sûrement au but que toutes les tentatives ayant seulement pour objet des moyens mécaniques douteux ou la substitution de la compression de l'air, du vide ou de l'eau à la vapeur.

Toutefois, il ne faut pas croire que la solution du problème consiste tout entière dans l'invention d'une surface d'appui offrant une prise suffisante à l'action du moteur. La question est plus complexe. Elle comporte aussi avec elle une transformation de la vitesse du moteur en faveur de la force de traction.

Quand un cheval attelé à un chariot arrive à une montée, il applique tout à coup à gravir la côte sa force vitale aux dépens de sa vitesse première. Mais c'est toujours la même somme de cette force qu'il dépense, là, en plaine, pour une course accélérée, ici, en montagne, pour vaincre l'obstacle.

Supposons un convoi remorqué en route horizontale par une locomotive. Celle-ci, admis que la vapeur soit portée à son degré normal, est construite pour donner un certain nombre de coups de piston à la minute, pour marcher en d'autres termes avec une vitesse déterminée.

Tant que le convoi est lancé sur la voie horizontale, il se trouve dans les conditions voulues, mais aussitôt qu'une rampe se présente, les conditions de la traction changent. Admettons qu'il ait toute la charge que le remorqueur puisse supporter ; il s'arrêtera devant la moindre montée, quoique et parce que la machine continuera à fournir le même nombre de coups de piston. La vitesse uniforme du système moteur absorbant la force de traction, déterminera le patinage des roues motrices, qui se fatigueront à labourer inutilement les rails de la voie. Mais si, à ce même moment, on arrivait par un moyen quelconque à diminuer la vitesse de la roue motrice sans porter atteinte au nombre, ni à la puissance des coups de piston de la machine, la force retournerait en effet utile pour la traction, et le mouvement de transport recommencerait moins vite, sans doute, mais sûrement. C'est une fausse idée que de vouloir toujours tout rapporter à la vitesse, dans la question des transports par le moyen de la vapeur ; il faut songer aussi que la somme de force dont l'homme puisse rationnellement disposer étant limitée, ce n'est que dans la distribution intelligente de la provision possible, tantôt en faveur de la vitesse et tantôt contre les obstacles, que réside, dans l'ordre de choses pratique, la faculté de pouvoir. Aussi ne doit-on jamais perdre de vue ce principe de mécanique, trop souvent méconnu, *que ce que l'on gagne en force on le perd en vitesse, et que ce que l'on gagne en vitesse on le perd en force.*

C'est d'ailleurs sur ce principe que repose en général la question si importante, mais si mal étudiée, du remorquage sur terre et sur eau tout à la fois. Peut-être qu'un jour publierons-nous sur cette matière intéressante et que nous ne faisons que toucher ici, les notes manuscrites plus étendues qui sont entre nos mains.

Ainsi, pour arriver, avec la locomotive, à gravir aisément les mêmes rampes que les chevaux franchissent dans le roulage ordinaire, il y a à rechercher, à côté d'une voie de traction spéciale, plus propre que les rails à soutenir l'action du moteur, les organes mécaniques, au moyen desquels on pourrait faire varier la vitesse de la roue motrice sans altération de la course, ni du nombre des pulsations du piston de la machine.

Cet effet est facile à obtenir par des transports de force, en faisant varier convenablement les rayons des poulies intermédiaires. Nous indiquons un moyen sans le décrire. Quant à nous, notre but est atteint : nous avons fait comprendre les avantages spéciaux attachés aux tramways, où l'emploi du cheval comme moteur, permettant de remplir dans des limites de déclivité plus larges, les conditions du problème du parcours des rampes, laisse pour le moment, du moins au roulage de ces sortes de voies, une supériorité économique incontestable vis-à-vis des chemins de fer à locomotive.

Maintenant, qu'avec toute la clarté et la précision dont nous sommes capable, nous avons défini les circonstances principales qui concernent la roue directement et indirectement, discuté les formes qu'il convient de lui donner, traité des surfaces de roulement, des courbes et des rampes du tracé, nous pouvons reprendre, avec la conviction d'être compris à demi-mot, notre description analytique des tramways, dans laquelle nous serons bien obligé de faire entrer des aperçus comparatifs pour les divers systèmes et la supposition des circonstances que nous venons de passer en revue.

## § 7. RAILS EN GRANIT.

Quelques villes d'Italie, Milan et Turin, par exemple, ont adopté dans les rues, un système de pavage, où la surface de roulement pour les roues des voitures est distincte du reste de la voie. Cette surface de roulement, qui est noyée d'ailleurs dans le niveau général de la chaussée, est formée de deux bandes parallèles de granit et constitue un véritable tramway. Le milieu de la voie entre les deux rails, ainsi que les accotements de la rue, sont pavés en petits cailloux roulés ou galets, fournis par les cours d'eau de la contrée. Souvent, quand la largeur de la rue le permet, il y a à la fois deux voies de rails de granit, pour faciliter la circulation des voitures en sens contraire.

Ce genre de pavage, supposé les bandes de roulement exécutées en pierre de bonne qualité, en granit parfaitement résistant, ne pourrait-il pas remplacer avantageusement, en plus d'une occasion, les tramways en fer ?

Une fois sorti des villes, on pourrait substituer le macadam ordinaire au pavé de galets pointus, qui constitue le milieu de la chaussée. Le pavé échauffe le pied du cheval et rend cette pauvre bête incapable d'un long voyage. Aussi est-il facile d'observer, dans les lieux où le rail de granit existe, que les chevaux, si on les laisse faire, abandonnent volontiers la chaussée au pavé inégal, pour suivre de préférence la dalle de granit et rejeter les roues hors de la surface de roulement sur la surface de traction. Il n'en serait pas ainsi, si à côté de la dalle de granit, il y avait le macadam au lieu du pavé.

Mais une route construite d'après ce principe demanderait un soin particulier de surveillance et d'entretien, pour maintenir en bon état les lignes longitudinales qui constitueraient la solution de continuité entre le macadam et le granit. Il serait à craindre, en effet, qu'il ne se formât tout le long de ces lignes, des ornières profondes, où les roues de la voiture risqueraient de s'engager au moins par un côté, dans les déviations accidentelles ou volontaires, auxquelles toute voiture est exposée dans le cours d'un voyage.

En examinant en effet ces bandes de granit dans les villes qui en possèdent, on aperçoit un principe de corrosion sur les bords latéraux, et n'était le pavé auxiliaire qui les protége, et qu'on a soin même de poser quelque peu en relief sur le niveau des bandes de granit, celles-ci prendraient bientôt sur leurs angles, et tout le long de leur parcours, une forme arrondie très-prononcée, qui déterminerait aisément avec le macadam quatre ornières longitudinales.

Il est vrai qu'on pourrait se contenter de garnir de macadam seulement le centre de la voie entre les deux rails de granit. En le soumettant à un damage fait avec soin ou à une forte compression, on le forcerait à chercher ses points d'appui contre les deux rails latéraux, comme une voûte contre ses pieds droits, et à exercer sur eux une pression assez considérable, pour résister la plupart du temps à la formation des ornières dans l'intérieur de la voie. Quant aux accotements de la chaussée à droite et à gauche des rails, on pourrait les faire en pavé contre ces rails, sur une largeur suffisante pour constituer un accompagnement convenable aux surfaces de roulement.

On pourrait croire, au premier abord, qu'un tramway de cette nature devrait coûter moins cher qu'un tramway en fer ; mais il n'en est pas ainsi pour la plupart du temps.

En effet prenons, pour fixer les idées, les dimensions adoptées dans les rues de Turin à une seule voie. Chaque bande de granit a $0^{m},60$ de large et $0^{m},15$ d'épaisseur. La chaussée pavée entre les rails possède $0^{m},80$ de compas.

En adoptant ces données, nous aurions le devis suivant, pour un tramway fait d'après les principes que nous venons d'établir.

## DEVIS F

*D'un tramway en granit avec chaussée intérieure en macadam et accotements pavés sur une largeur d'un mètre.*

| | |
|---|---|
| 1° Granit pour 1 mètre de voie. 2 Bandes de $0^{m},60$ de large sur $0^{m},15$ d'épaisseur, $0^{mc},18$ à 100 fr. le mètre cube . . . . . . . . . . . | $18^{f},00$ |
| 2° Tranchées pour la voie et les bandes de granit $1^{m},20 + 0^{m},80 = 2^{mc} \times 0,15 = 0^{mc},30$ à $0^{f},50$. . . . | 0 ,15 |
| 3° Sable et pose des bandes de granit, raccords . . . . | 1 ,00 |
| 4° Macadam du milieu, $0^{mc},12$ à $3^{f},50$ . . . . . . . . . | 0 ,42 |
| 5° Battage et régalage. . . . . . . . . . . . . . . . | 0 ,05 |
| 6° Pavage des accotements sur 1 mètre de large ; 2 mètres carrés à $1^{f},20$ . . . . . . . . . . . . . . . . | 2 ,40 |
| Total du coût de 1 mètre de voie pour un tramway en granit . . . . . . . . . . | $22^{f},02$ |

Ce qui fait plus de 22,000 francs par kilomètre.

En comparant le chiffre définitif du devis précédent, avec les chiffres des devis antérieurs A, C, D et E, on se persuade tout de suite que le système de tramway à rail plat de granit ne présente pas, dans la région de Turin au moins, un travail de construction plus économique que les autres tramways. Toutefois, il est juste de dire que le prix du granit à Turin est surchargé de frais de transports énormes. Le granit provient du lac Majeur. Les frais de transports actuels par Arone, Novare, Alexandrie et Turin représentent un parcours de 193 kilomètres. Ce parcours serait assurément abrégé par le chemin de fer de Novare à Turin ; la distance ne serait alors d'Arone à Turin que de 131 kilomètres, mais comme cette ligne ne s'est pas entendue avec la ligne de l'État pour le passage des transports de l'un à l'autre chemin de fer, sans changement de wagons, il s'ensuit que la marchandise d'Arone est obligée, pour éviter les transbordements à Novare ou pour se prêter aux lois d'une concurrence puérile, de descendre jusqu'à Alexandrie et de remonter ensuite d'Alexandrie à Turin, c'est-à-dire de parcourir en tout 193 kilomètres, qui, au prix minimum de 0f,0075 par quintal et par kilomètre, donnent pour un quintal de marchandise d'Arone à Turin . . . . . . . . . . . . . . . . . . . . . . . . . . . 2f,4475

Droit fixe. . . . . . . . 0,0075

Coût du transport de 100 kilogrammes rendus d'Arone à Turin, par Alexandrie. . . . . . . . . . . . . . . . 2f,4550

Or, un mètre cube de granit pèse environ 2,720 kilogrammes ; donc les frais de transport de ce mètre cube seront d'Arone à Turin de 66f,75 au moins.

A ces frais, il faudrait ajouter ceux du transport des lieux de provenance, Mergozzo ou Baveno, jusqu'à Arone ; mais pour nous, il suffira de faire remarquer que le retranchement des frais de transport de 193 kilomètres de chemin de fer, réduisant le prix du mètre cube de granit de 100 francs à 33f,25, réduit aussi le chiffre du devis F, de 22f,08 à 9,96 le mètre linéaire de voie, 9,960 fr. le kilomètre.

Ainsi, toutes les fois qu'il s'agira de la création d'un tramway, dans une localité voisine de roches granitiques, il conviendra de se servir de granit au lieu de fer.

Les tramways de granit peuvent rendre de grands services, et leur emploi pour la construction des voies secondaires de communication n'est pas à dédaigner. Les esprits sont tous tournés vers le fer, il est vrai, mais en pratique, il faut se garder d'admettre des principes exclusifs et de croire, d'une manière absolue, que le granit soit inférieur au fer et les tramways aux railsways.

Les tramways en granit appartiennent à la catégorie des tramways à transports libres, dont nous donnons le développement et discutons les avantages dans les chapitres suivants.

M. l'ingénieur Bruschetti a proposé l'établissement de rails en fer dans les villes, à côté des rails de granit, de manière à y former de véritables tramways à ornière.

Son système est représenté dans la fig. 22 que nous empruntons à son ouvrage. Il donne 45 centimètres de large à la chaussée pavée du milieu, et 45 centimètres à chacun des rails en granit ; puis viennent les ornières à droite et à gauche, et enfin les rails en fer à champignon, de niveau avec la voie.

La distance entre les deux rails en fer est donc de 1m,35 environ. La plupart des voitures de ville ont à peu près cette distance entre les roues de même essieu ; d'autres, comme les omnibus, par exemple, la dépassent facilement. Il y aurait donc quelque inconvénient, selon nous, à exposer le

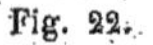
Fig. 22.

voiturage ordinaire à rouler plutôt sur le vide de l'ornière ou tout contre le rail en fer que sur le rail de granit.

Si encore les distances entre les rails en fer étaient calculées de manière à recevoir les wagons des chemins de fer et à permettre ainsi le transport des marchandises à domicile dans le wagon même où elles seraient arrivées de leur voyage, il y aurait assurément alors, dans la création de chemins de fer *intra muros*, un but d'utilité incontestable et qu'on ne saurait trop prendre en considération. Mais nous avons vu que la distance entre les plans verticaux des mentonnets des roues de même essieu, sur les chemins de fer des États sardes était de 1m,384. Les mesures adoptées par M. l'ingénieur Bruschetti devraient donc être modifiées de quelque peu, pour pouvoir être adaptées au service économique que nous venons de signaler.

Mais malheureusement, il semble plus difficile de remédier à l'inconvénient qui résulte de la trop grande similitude des distances des roues de même essieu entre le matériel des chemins de fer et la carrosserie ordinaire. Il faudrait tout refaire pour adapter les voitures des deux systèmes aux deux genres de voies inaugurés au milieu des rues. En effet, ne serait-il pas nécessaire que les voitures libres eussent leur surface de roulement bien distincte par une distance suffisante des ornières et des rails du chemin de fer. Selon nous, le succès de ce système d'ordre composé, qui fait cotoyer sur leurs doubles rails, parallèlement à l'axe des rues, les deux genres de voies, consiste surtout dans la séparation bien tranchée des diverses espèces de surfaces de roulement, condition difficile à remplir avec les matériels roulants actuellement en usage. On se trouve en présence de cette alternative de modifier la voie des voitures ordinaires ou de donner aux wagons destinés au parcours intérieur des villes, des dimensions toutes spéciales, de manière que le tramway de granit, quoique encadré dans le tramway en fer, offrît cependant aux véhicules libres une largeur suffisante pour leur commode circulation, sans qu'ils fussent exposés à suivre toujours les ornières ou à friser les rails du tramway en fer. Si l'on s'arrête au premier parti, on se place devant une difficulté d'exécution sérieuse, et si l'on adopte le second, qui est directement abordable, on se voit obligé d'admettre un modèle de wagons tout différent de celui des chemins de fer de grande communication, et impropre au service commun de ceux-ci et du tramway *intra muros* ;

c'est-à-dire qu'on manque le but économique du projet. Autant donc se contenter des seuls rails de granit qui existent aujourd'hui, lesquels, bien coordonnés, peuvent rendre des services équivalents aux rails de fer. Qui sait même s'ils ne seraient pas susceptibles de porter les wagons des railways en faisant rouler ces wagons sur le mentonnet des roues?..... C'est une expérience à faire. Elle donnerait peut-être la solution imprévue de la question des transports à domicile sans transbordement.

M. Léon Malécot, dont nous allons exposer le système, a donné un rail pour résoudre la question d'une autre manière.

## § 8. RAIL MIXTE A ORNIÈRE DE M. LÉON MALÉCOT

M. Malécot avait proposé, dès 1854, un rail de tramway, qui, comme celui de M. Bruschetti, avait pour but principal de recevoir les wagons des railways, afin de mettre, au moyen de ces véhicules, le mouvement des grandes lignes ferrées en communication immédiate, d'une part, avec la production d'une région délaissée par le parcours de la locomotive et, de l'autre, avec l'intérieur même des villes favorisées d'une station à leurs portes.

Le rail Malécot avait été inventé aussi dans la double fin de recevoir les voitures à jante ordinaire, parallèlement aux roues à mentonnet.

Voici d'ailleurs comment l'auteur, à qui nous servons toutefois quelque peu d'interprète, parle de son invention :

« Avec mon système de rail, dit-il, rien de plus facile que d'établir des « chemins de fer, sur lesquels les voitures à jantes circulaires pourront « circuler, alors même qu'elles viendraient déjà de faire un trajet sur route « ordinaire. Bien plus, les voitures en usage pour les chemins de fer actuels « pourront également circuler sur la nouvelle voie.

« On comprend tout d'abord les services que ce système est appelé à « rendre au commerce et à l'industrie. En effet, combien de localités possè- « dent des fabriques dont l'importance relative ne saurait justifier les frais « de création et d'exploitation d'un chemin de fer à locomotive ; mais elles « pourraient prétendre au contraire à un chemin de fer de mon sys- « tème.

« Celui-ci est à traction de chevaux et peut être établi sur l'accotement « des routes. Les voitures, après avoir parcouru sur mes rails la distance « voulue, les quittent s'il y a lieu, pour continuer ailleurs leur route avec « leur chargement et transporter à domicile même les voyageurs et la petite « marchandise, comme les prendre au départ dans toutes les parties de la « localité desservie par les lignes de mon système.

« Mon système permet également de faire communiquer avec les rail- « ways les usines, les mines de houille et tous autres établissements épars « et souvent isolés d'une même contrée et d'atteindre même les transports de « la production agricole.

« Mon rail ne faisant point de saillie sur le sol, n'apporte aucun obstacle « à la circulation ordinaire et ne présente pas plus d'inconvénient que le « rail à ornière, qui constitue les chemins de fer dits américains, dont on

« vient d'accorder une concession de Bruxelles à Lacken. (?) Il remplit « les mêmes conditions que son rival, et possède en outre l'avantage précieux « que l'autre n'a pas, de recevoir à volonté les wagons à mentonnet des « railways et les voitures à jantes plates des routes ordinaires. En résumé, « les chemins de fer de mon système seront aux grandes lignes ferrées ac- « tuelles, ce que les chemins vicinaux et particuliers sont aux chaussées et « aux routes de grande communication.

« Le coût de construction d'un tramway de mon système est, pour la Bel- « gique, de 20,000 francs par kilomètre. »

Le rail Malécot consiste en un rail plat, muni d'un rebord d'un seul côté, comme le représente la fig. 23. Il est appliqué sur longrines au moyen de deux vis, et l'écartement de la voie est maintenu, comme dans le système Henry par des tringles de fer, composées ici de trois pièces. Les figures représentent assez bien tous les détails du système pour nous épargner une description plus circonstanciée.

Tel quel, le rail Malécot peut recevoir les voitures à jantes ordinaires et si l'on veut y joindre le mouvement des roues à mentonnet, il suffit, comme le veut le système, de créer une ornière *ad hoc* tout le long du rail, dans l'intérieur de la voie, au moyen d'un pavage longitudinal fait en pierres taillées à cet effet, comme le représente la figure.

Fig. 23.

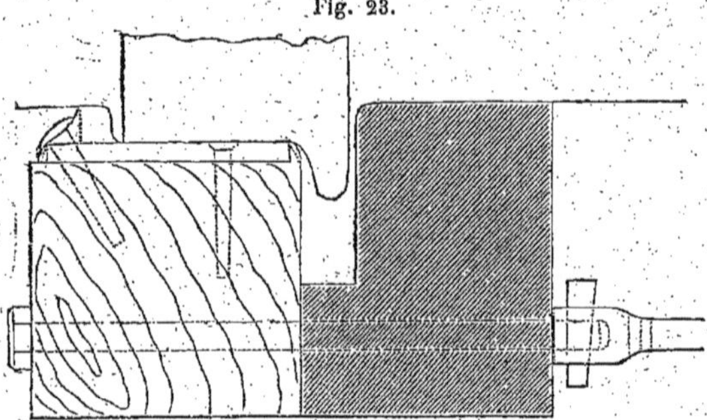

Le devis des frais de construction d'un tramway du système Malécot peut être établi ainsi qu'il suit, en examinant ce devis, on pourra prendre une idée plus précise encore de ce genre de chemin de fer.

### Devis G

*d'un tramway établi d'après le système mixte de M. Léon Malécot, ingénieur des ponts et chaussées du royaume de Belgique.*

Surface du gabarit du rail Malécot en fer laminé 0,002 environ, ce qui, à la densité de 7650, donne au mètre courant un poids de 15k,30 et pour 1 mètre de voie 30k,60 qui, à raison de 0f,34 les 100 kilogrammes donnent. . . . . . . . . . . . . . . . . . . 10f,404

Longrines de 2 mètres de long, 0,125 de large, 0,135 de haut } cube de 4 mètres de voie } 0m,135 à 70f. 9 ,450

Pour 1 mètre de voie . . . . . . . . . . . . . . . . . . 2 ,362

Vis d'attache des rails sur les longrines ; il y a 24 vis en tout pour chaque quatre mètres de voie, ou 6 pour 1 mètre de voie à 0f,10 l'une. . . . . . . . . . . . . . . . . . . . 0 ,600

6 trous à percer dans le rail pour le passage des vis à 0,02 . . . 0 ,120

Tringle pour maintenir l'écartement.

Chaque tringle se compose de 4 pièces.

2 chevilles à tête rivée de 0m,295 de longueur totale, chacune sur 0m,015 de diamètre. Elles sont percées à leur petit bout d'un trou de clavette. Elles pèsent par couple environ. . . . . . . . . . . . . . . 0k,90

1 corps de tringle du milieu. Cette pièce a 0m,84 de longueur totale, avec deux têtes ou renflement taraudées, pour recevoir les bouts des chevilles à tête avec lesquelles on les unit au moyen de clavettes ; elle est du poids de. . . . . . . . . . . . . . . . . . 1k,15

Poids des tringles. . . . . . . . . . . . . . . . . . 2k,05

Lesquels 2k,05, à raison de 0f,34 font. . . . . . . . . 0f,697

2 clavettes à 0f,06 l'une. . . . . . . . . . . . . 0f,120

Façon des chevilles à tête et des tringles. . . . . . . 0f,400

Perçage des trous à clavette, pour chaque tringle. . . . 1f,217 ou 1f,22

Il y a deux tringles pour chaque traverse de 2 mètres et par conséquent 1 tringle par mètre de voie, donc. . . . . . . . . 1f,220

14f,706

Tranchée générale de 0m,15 de profondeur, 0m,70 de large } 0m²,255 de surface génératrice.

Ce qui, par mètre linéaire de voie, donne 0m³,255 de tranchée à 0f,50. . . . . . . . . . . . . . . . . . . . 0f,130

Pavage formant l'ornière et le contre-rail en pierres taillées à 90 fr. le mètre cube, 0m³,019 environ par mètre linéaire; 0m³,038 par mètre linéaire de voie à 90 fr. . . . . . . . . . . . 3,420

Pierrailles ou ballast pour 0m,15 × 0m,84 × 1 = 0m³,13 environ, qui, à raison de 3f,50. donnent. . . . . . . . . . . . 0,450

Main-d'œuvre, accessoires, pose. . . . . . . . . . . . 2,304

21,000

Ainsi, le coût d'un tramway du système Malécot, placé sur une route ordinaire, s'élèverait à 21000 fr. le kilomètre. Ce chiffre diffère peu de celui donné par l'inventeur.

Il convient maintenant, après les rails en granit et les systèmes mixtes qui semblent en découler, d'examiner les tramways à roulage libre, auxquels, d'ailleurs, comme nous l'avons déjà fait observer, appartiennent les routes à bandes de granit.

## SYSTÈME DE TRAMWAY A RAILS CONCAVES ET A ROULAGE LIBRE.

Ce système consiste en deux simples bandes de fer, légèrement concaves, comme le représente la fig. 24.

Fig. 24.

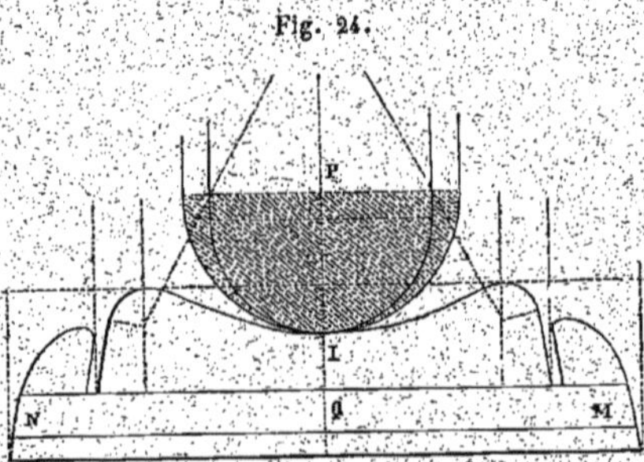


Divers gabarits ont été proposés pour les rails de ce genre de tramway ; leur examen nous a conduit au rail légèrement concave que nous venons d'indiquer et qui fait l'objet de cette étude.

Chaque pièce de rail de la voie est assemblée avec la suivante par une espèce de coussinet ou plate-forme d'assemblage NM (fig. 24), qui embrasse, à la distance de quelques millimètres, les faces de droite et de gauche du rail.

Pour tracer la voie et mettre les rails à leur place, on creuse, sur un des bas côtés de la route ou au milieu, comme pour les autres tramways, deux tranchées parallèles et à distance voulue, l'une pour le rail de gauche, l'autre pour le rail de droite.

Ces deux tranchées ont chacune $0^m,70$ de large en tout et $0^m,15$ de profondeur. Elles sont divisées chacune aussi en trois parties A, B et C, celle du milieu A a 0,20 de large, c'est le compartiment du rail ; les deux autres B et C ont $0^m,25$ chacune. On remplit ces dernières au moyen d'un béton parfaitement tassé. Pour empêcher ce béton d'envahir la division centrale ou compartiment du rail, on se sert d'une caisse qu'on enlève à mesure que le béton sèche.

On remplit ensuite chaque division centrale B, de bitume granitique jusqu'au niveau voulu, par le dessous des plates-formes d'assemblage.

Mais, avant d'aller plus loin, nous ferons observer qu'on peut réduire encore les divisions A, B et C à de moindres dimensions, surtout celle du milieu, qui est réservée au lit de bitume sur lequel doit reposer le rail.

A cet effet, on détermine sur le terrain l'axe du rail, celui du rail de droite, par exemple, et on prend en dedans de la voie 24 centimètres, à partir de cet axe et $0^m,36$ en dehors. On creuse une tranchée entre ces deux limites, de 60 centimètres seulement de large sur 0m,15 de profondeur. On remplit d'abord de béton tout le fond de cette tranchée, sur une hauteur de huit centimètres environ.

On opère de même pour le rail de gauche. Puis on place, dans l'axe des rails, la caisse O un peu évasée et de 0m,18 de large en moyenne. Cette caisse a pour but de former un sillon vide, destiné au bitume, car on continue de remplir de béton la tranchée générale à droite et à gauche de la caisse, jusqu'au niveau de la route.

Le béton une fois suffisamment solidifié, on enlève la caisse et l'on verse comme ci-dessus, dans le sillon central qu'elle a laissé derrière elle, un lit de bitume de 0m,33 d'épaisseur, tout juste pour arriver au niveau du dessous des sabots d'assemblage.

On pose alors sur le bitume, à la position et aux distances voulues, les sabots d'assemblage. On y engage en même temps les rails, en ayant soin de les soutenir de distance en distance, s'il est nécessaire, par des cales en bois, afin d'empêcher toute flexion de la bande.

On verse ensuite du plomb fondu dans les vents qui existent entre les dents ou mâchoires de chaque sabot d'assemblage et les portions des deux pièces de rail consécutives que ces mâchoires embrassent.

On aura soin seulement, avant de faire cette opération :

1° De fermer avec un peu d'argile les issues latérales par où le plomb pourrait s'échapper ;

2° D'humecter légèrement d'huile les parties des rails qui devront recevoir le contact du plomb ;

3° De protéger contre l'envahissement du plomb fondu le vent de joint des deux pièces de rail consécutives, par l'application d'une bande de papier sur le contour latéral de ce joint.

Ce système d'union des deux pièces de rails est préférable au boulonnage en éclisses, au serre-rails et autres moyens d'assemblage.

Cela fait, on coule de nouveau du bitume granitique dans le compartiment du rail, jusqu'à hauteur des bourrelets saillants, de manière à noyer sabots et rails tout à la fois dans le bain de bitume.

Pour compléter ce travail, on place au milieu de la voie, entre les deux murs de béton et sur 10 à 15 centimètres d'épaisseur, une couche de macadam parfaitement refoulé.

Dès lors, le chemin de fer est terminé.

A la rigueur on pourrait supprimer les deux compartiments ou murs en béton intérieurs, de manière que tout le centre de la voie, sur lequel agissent les chevaux, fût en macadam parfaitement tassé.

A notre avis, nous croyons ce système de tramway supérieur à tout autre.

Il permettrait en quelque sorte à toute espèce de véhicules de le parcourir, pourvu que les roues fussent faites avec le soin voulu et que les plans verticaux, passant par la circonférence moyenne de l'épaisseur de la jante des roues, fussent distancés, pour le même essieu comme les axes PQ des deux rails de la voie (fig. 24).

Le cercle de fer qui borde ordinairement les roues des voitures, devrait être exécuté en forme de demi-cercle, d'un rayon toujours moindre (du 1/3 au moins) que le rayon de l'arc de la concavité du rail (voir la figure 24).

Il est évident qu'un pareil système de route exige des voitures, des charrettes ou des chariots construits avec plus de soin et de précision que le matériel grossier qui parcourt aujourd'hui le plus souvent les routes ordinaires.

La charronnerie commune est en arrière de plusieurs siècles aves les progrès des autres branches de la mécanique pratique. Personne, nous ne cesserons pas de le répéter, ne s'occupe de cette question qu'on laisse résoudre par voie empirique à des charrons de village. Cependant (on l'a déjà vu au chapitre de la roue), elle est tout au moins aussi importante que celle de la voie. Cette négligence qu'on apporte dans la systémation du matériel roulant est d'ailleurs générale.

Elle a atteint, d'une manière relative au moins, les chemins de fer eux-mêmes, comme nous avons déjà eu occasion de le faire observer plusieurs fois dans le cours de cet ouvrage. Selon nous, le matériel roulant des chemins de fer présente, à l'égard de la voie ferrée, autant d'imperfections que le matériel roulant des routes ordinaires à l'égard des chaussées communes.

Il est évident que pour le tramway qui nous occupe, la condition d'un bon roulage consiste surtout dans la perfection de la roue.

Il faut une roue parfaitement centrée et finie au tour, emboîtée sans jeu dans un essieu à patente et bordée sur sa jante d'un cercle de fer aciéré à section demi circulaire (fig. 24).

Il est utile encore que le corps du véhicule repose sur des ressorts pour atténuer les chocs de la course.

Un tel système n'abandonnera pas facilement les rails concaves sur lesquels il serait lancé.

Qu'on place une bille dans le creux du rail et qu'on lui imprime une impulsion dans le sens longitudinal de la voie ; elle suivra l'axe du rail ou sera sans cesse ramenée vers lui par la forme même de la surface sur laquelle elle se meut.

Le cheval, moteur des tramways, suit d'ailleurs admirablement le sentier qui lui est tracé, et il ne dévie de sa ligne que contraint par les secousses d'une route inégale. La surface de traction qui lui est réservée entre les deux rails, doit être faite avec soin, en macadam résistant et élastique, condition qui plait singulièrement au pied du cheval. Le cheval abandonne difficilement une semblable chaussée.

Mais en même temps qu'on peut se maintenir sans difficulté sur la ligne des rails, on peut aussi, dans le genre qui nous occupe ici, en sortir à volonté. Il suffit pour cela d'obliger le cheval à un déviement par un léger effort.

Cette facilité de dérailler à plaisir rend raison de la dénomination de tramway à roulage libre, que nous avons donnée au tramway à rail concave et que celui-ci partage avec les rails de granit. Elle permet d'éviter les rencontres en un point quelconque du parcours, comme sur les routes ordinaires. Par conséquent, les voitures peuvent circuler en sens contraire sur la même voie du tramway à rail concave, sans autre inconvénient que celui de dérailler au moment de se croiser. Elles peuvent également se dépasser si elles suivent la même direction avec des vitesses diverses.

Les rails d'évitement, les cœurs, les aiguilles, les plaques tournantes, tous ces appendices coûteux et périlleux, qui sont la partie faible et défectueuse des chemins de fer, disparaissent donc avec le rail concave. Les voitures de la voie publique peuvent d'ailleurs le traverser au besoin, sans qu'il soit besoin d'un contre-rail pour conserver l'ornière et d'un gardien de barrière pour ouvrir et fermer le passage.

Sa forme permettrait même aux wagons des chemins de fer de le parcourir. Il suffirait pour cela de donner aux axes des deux rails de la voie la distance des plans milieux des mentonnets des roues de ces wagons. Cette distance étant de 1m,384 en Piémont, comme nous l'avons déjà vu, il faudrait placer les axes des deux rails à la même distance.

Les wagons rouleraient alors sur leurs mentonnets. Les véhicules d'une autre nature céderaient le pas aux wagons, en cas de rencontre.

Par ce moyen, le chemin à rail libre pourrait faire le service des marchandises des lignes principales à locomotives, sans transbordement et avec les mêmes wagons.

Il est facile de concevoir comment le passage de l'un à l'autre rail aurait lieu. Au moment où le rail concave ferait défaut au mentonnet de la roue, le rail à champignon recevrait celle-ci sur son rebord rentrant. La manœuvre aurait lieu sans solution de continuité dans le roulage.

Pour mieux cimenter encore cette union des deux chemins de fer, on pourrait donner aux mentonnets des wagons à locomotive un peu plus d'épaisseur ou de corps.

D'ailleurs, l'entretien du tramway à rail libre nous paraît réduit à sa plus simple expression ; ici, pas de bois qui pourrisse, pas de chevilles ni de coins qui jouent, pas de plaques de jointures, qui sont toujours plus ou moins embarrassantes dans le cas de remplacement de longrines et de rails pour cause de réparation ; le système entier, comme les pierres précieuses enchâssées du moyen âge, est noyé et fortement maintenu dans un empâtement solide et imperméable.

Quant au nettoyage absolu du rail, il peut même être exécuté tout simplement par un chasse-pierre ou balai placé en avant des roues de la voiture.

Le récurage des rails à ornière n'est pas aussi commode, il y faut employer le crochet en fer et les soins du cantonnier.

Toutefois, il est juste de dire qu'on pourrait arriver, la plupart du temps, à dégager parfaitement l'ornière de tout encombrement, au moyen d'un petit courant d'eau dirigé dans son intérieur. Il est évident que le rail concave ne se refuse nullement à ce procédé ; mais le balayage lui suffit.

La pression latérale que les roues à mentonnet exercent sur les rails des chemins de fer, est nulle ou indifférente avec le rail concave. En effet, la roue n'agit pas sur celui-ci à droite plutôt qu'à gauche, à l'intérieur plutôt qu'à l'extérieur. Voilà pourquoi les traverses qui sont indispensables dans les autres espèces de voies ferrées, pour maintenir toujours au même degré l'écartement des rails, sans cesse menacé par les chocs latéraux des mentonnets, sont inutiles dans les tramways à rails libres.

Enfin, les chariots appropriés à cette sorte de chemins de fer, peuvent non-seulement les abandonner en un point quelconque du parcours, mais encore poursuivre leur chemin en dehors des rails et arriver à des destinations excentriques au moyen des routes communes, tout comme les voitures ordinaires.

D'ailleurs, la voie des tramways à rail libre, s'adapte plus facilement que celle des autres tramways sur toute espèce de routes.

Elle se prêterait merveilleusement, moyennant le paiement d'un droit à régler, à l'admission même de véhicules étrangers à l'entreprise. Il suffirait, pour atteindre ce résultat, qui démontre toute l'élasticité économique du système, que les roues de ces véhicules fussent construites de manière à ne pas compromettre la forme des rails, c'est-à-dire établies tout simplement d'après les principes que nous avons posés plus haut et munies d'une jante semi-circulaire. Car, nous le répétons, à une route donnée il faut un matériel roulant en harmonie avec elle, à une voie perfectionnée il faut un matériel perfectionné aussi.

Nous avons indiqué, dans le cours de cet ouvrage, quelques règles générales de bonne construction en matières de voitures. Le peu que nous en avons dit doit suffire pour éveiller l'attention du praticien sur cette manière et l'empêcher peut-être de s'égarer.

Les frais de construction d'un tramway à rail de fer concave peuvent être évalués comme il suit, dans le devis H.

## DEVIS H

### *d'un tramway à rail de fer concave et à roulage libre établi sur une chaussée existante.*

**Détail pour six mètres de voie.**

La surface du gabarit du rail concave de la fig. 9 est de $0^{m2},0156$. Le cube du mètre courant de rail sera de $0^{m3},0156$ qui, à la densité de fer laminé, donnera pour le poids du mètre courant de rail $11^{k},94165$, soit 12 kilogrammes.

| | |
|---|---|
| 12 mètres de rails pesant 144 kilogrammes au prix de $0^{f},34$ . . . . . . . . | $48^{f},96$ |
| Coussinets en fonte placés de 3 mètres en 3 mètres, n° 4, pesant ensemble 8 kilog. à $0^{f},21$ . . . . . . | $1^{f},68$ |
| Cales de bois, de mètre en mètre entre les coussinets, n° 8, à $0^{f},10$ pièce . . . . . . . . | $0^{f},80$ |
| Plomb fondu dans le vent des coussinets. Section du vent : $0^{m3},000108$ sur $0^{m},10$ de long. Cube du vent : $0^{m3},0000108$ qui, à la densité de 11350, donne $0^{kilog},1226$. Pour quatre coussinets $0^{k},4904$, soit $0^{k},50$ à $0^{f},80$ . . . . . . . . | $0^{f},40$ |
| Pose des rails, main-d'œuvre et charbon . . . . . | $0^{f},10$ |
| Total pour 6 mètres de voie | $51^{f},94$ |

Ce qui fait pour le mètre courant de voie. . . . . 8f,533

Tranchées latérales pour le béton et le bitume, surface génératrice d'ensemble 0m²,09 × 2 = 0m²,18. . 0m²,18

Tranchées de la chaussée du milieu sur 1m,067 de large et 0m,15 de profondeur pour les largeurs maxima de voie, adoptées dans la fig. 9 *bis* :

Surface génératrice augmentée . . . . . . . . . . 0m²,17

Surface génératrice des tranchées. . . . . . . . . 0m²,35

Pour 1 mètre de voie 0m³,35 de déblai à 0f,50. . . . . . 0f,175

Bitume granitique. On peut le composer comme suit :

| | | |
|---|---|---|
| 160 kilog. | de brai distillé à 7 fr. . . . . . . . . . . . . . . | 11f,20 |
| 100 — | sable lavé, à 2 fr. le mètre cube, du poids de 1300 kil. | 0 ,15 |
| 300 — | gros sable en gravier, à 4 fr. le mètre cube. . . . . . | 0 ,92 |
| 130 — | pierre calcaire pulvérisée, à 6 fr. les 1300 kilog. . . | 0 ,60 |
| 10 — | sulfate de fer, à 12 fr. les 100 kilog. . . . . . . . | 1 ,20 |
| 12 — | résine minérale d'Amérique, à 20 fr. les 100 kilog. . | 2 ,40 |
| 712 kilogrammes | ou 1/2 mètre cube. . . . . . . . . . . . . . . . | 16f,47 |
| Broyage et façon à chaud. | . . . . . . . . . . . . . . . . . . | 3, 53 |
| Prix du 1/2 mètre cube préparé | . . . . . . . . . . . . . . . | 20f,00 |

Le prix du mètre cube de bitume granitique, tout façonné, peut donc être évalué à 40 fr.

Surface génératrice de la tranchée de bitume.

0,18 × 0,07 = 0,0126 et pour les deux tranchées, 0,0252, 0m³,0252, soit seulement 0m³,023, à cause de la place des rails et coussinets dans le bitume à 40 fr. le mètre cube. . . . . . . . 0f,920

Béton. Surface génératrice.

0,60 × 0,15 — 0,0126 = 0m³,0774. 0m³,1548 à 13f,50 . . . . 1 ,045

Macadam du milieu de la chaussée de 0m³,17 à 4 fr. . . . . . 0 ,680

Accessoire, imprévu, main-d'œuvre. . . . . . . . . . . . . 0 ,647

Total du coût du tramway à rail concave 12f,00

### *Observation sur le précédent devis* H.

Le coût kilométrique d'établissement du tramway à rail concave est donc de 12,000 fr. au maximum. Nous disons au maximum, parce qu'on peut lui faire éprouver des réductions, en donnant moins d'importance au tranchées du béton et du bitume. En outre, nous avons admis pour le béton un prix que nous croyons élevé et que l'on pourrait réduire de 13f,50 à 10 fr. par mètre cube. Pour former le prix de 13f,50, nous avons supposé la chaux à 44 fr. le mètre cube, quand on peut la fabriquer soi-même bien au-dessous de 30 fr. par l'emploi du four à feu continu, dit four-cornue, pour lequel nous avons pris en Piémont, de concert avec M. Duval, un brevet d'invention sous la date du 1er septembre 1856.

Aussi pouvons-nous avancer, sans crainte d'être démenti par le fait, que l'on pourrait faire descendre à 10,000 francs, au lieu de 12,000 francs par kilomètre, les frais d'établissement d'un tramway à rail concave, d'après le système que nous venons de décrire.

Si nous comparons ce résultat avec ceux des devis précédents A, B, C, D, E, F et G, nous voyons que le rail concave est de tous le plus économique et qu'il ne le cède pour le bas prix qu'au rail de granit, dans le cas seul où cette roche se trouverait voisine du tramway à construire.

Aussi le tramway à rail libre se recommande-t-il non-seulement par sa simplicité et par les avantages que nous lui avons reconnus plus haut, mais encore par son économie.

Trois systèmes économiques dominent les autres variétés de tramways ; deux appartiennent au tramway à roulage libre, le granit et le rail concave, l'autre aux chemins de fer à ornière ; c'est celui que nous avons désigné sous le nom de rail à contour courbe. Si donc, pour des raisons que nous ne voulons pas discuter, les constructeurs de chemins de fer écartaient de leurs projets d'application, les tramways à roulage libre, il leur conviendrait nécessairement de choisir parmi les autres systèmes, celui de rail à contour courbe comme le plus économique après le rail concave.

Tontefois, le rail concave ne doit pas être rejeté d'une manière absolue de la pratique ; il peut être d'une utilité incontestable comme simple auxiliaire dans les chemins de fer à ornière, pour les changements de voie et les courbes d'un très-petit rayon.

Il est évident que les roues à mentonnets engagées dans l'ornière, présentent au parcours des courbes et aux changements de voie sous un angle ouvert, une difficulté qui provient de l'exiguité de l'ornière dans laquelle plonge le mentonnet. Pour faire disparaître cet inconvénient, il suffirait de passer, dans ces cas, du rail à ornière au rail concave ; ce qui peut avoir lieu au moyen d'un rail de transition représenté de face (fig. 25).

Fig. 25.

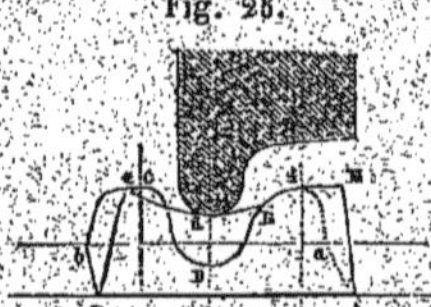

Le gabarit du premier plan ABCDEF de ce rail n'est autre chose que le gabarit du rail à ornière (fig. 7), contre lequel il s'applique et auquel il fait suite dans l'enchaînement de la route.

Le gabarit de derrière *abcdf* (fig. 25) est celui d'un rail concave.

L'intervalle qui existe entre les deux profils extrêmes de ce rail, passe insensiblement du gabarit à ornière au gabarit du rail concave, de manière que la roue MJ (fig. 25) qui, à l'entrée, reposait sur un point J de sa jante intérieure, comme le fait voir la figure, est amenée à s'appuyer en sortant sur son mentonnet suivant l'axe du gabarit concave.

Le rail qui fait suite est naturellement concave aussi et continue le chemin de fer.

Cette transformation du tramway à ornière en tramway à roulage libre peut être mise avantageusement à profit, toutes les fois qu'une courbe de court rayon présentera un parcours difficile avec l'ornière, ou bien encore, pour résoudre par un moyen pratique d'une grande simplicité, la question d'établissement d'un changement de voie.

Pour unir les différentes pièces de cette transformation, nous avons adopté les coussinets.

Cette modification opportune de la voie, introduite dans la construction des tramways, et que nous n'hésitons pas à appeler un perfectionnement, complète ce que nous avons à dire d'essentiel sur ce genre de chemins de fer.

Nous ajouterons seulement, pour ne laisser rien en arrière, quelques observations de détail.

La jointure d'une pièce de rail ou d'une longrine à une autre est masquée au-dessous des rails et au-dessus des longrines par une plaque de fer, qui enjambe sur deux pièces à la fois.

Cette disposition présente quelque embarras en cas de réparation, pour substituer aux pièces altérées des pièces en bon état.

En effet, si l'on pouvait remplacer, par exemple, une pièce de rail toute montée, sur sa longrine à une autre de la voie, il y aurait rapidité dans la manœuvre et le service du chemin n'en souffrirait aucun retard.

Mais, dans le cas des plaques ou de coussinets de jointure, ces accessoires s'emboîtant sur deux longrines, il est difficile d'enlever d'un bloc, la pièce de rail à changer et ses longrines, sans déranger l'enchaînement du système.

En plaçant, au lieu de la plaque de jointure horizontale adoptée dans le système Loubat, deux plaques sur les faces inclinées des longrines, on arriverait à un palliatif de l'inconvénient; car on pourrait, avec cette dernière disposition, en cas de réparation, enlever à la rigueur ces deux plaques latérales en dessous des rails ; ce qui permettrait de substituer un rail tout posé sur ses longrines à un autre sans déranger les rails suivants.

Mais selon nous, il vaudrait mieux supprimer entièrement les plaques de jointure. A quoi servent-elles en fait ? Elles ne font pas le service de coussinets, puisque les rails sont fixés par les chevilles. Si leur utilité consiste à couvrir le trait d'union des longrines, on peut y arriver plus simplement par une coulée de bitume et l'inconvénient des plaques pour le cas des réparations partielles, aura disparu radicalement avec ce moyen.

D'ailleurs, nous n'avons pas besoin de faire observer, en faveur du tramway à rail concave, établi d'après le système que nous avons indiqué tout à l'heure, que le changement d'une pièce de rail en une autre, peut y avoir lieu sans dérangement des pièces adjacentes ; car il suffit pour cela faire, d'enlever chaque pièce au moyen du fer et du feu, soit qu'on veuille séparer le rail du bitume où il est noyé, ou le détacher du coussinet dans lequel le retient le plomb fondu. Le coussinet, à moins qu'il n'ait besoin lui-même d'être réparé, reste toujours en place dans son empâtement de bitume.

Nous avons supprimé, pour le cas du rail concave, le bois comme support des rails et nous lui avons substitué un lit de bitume granitique. Rien ne s'oppose d'appliquer cette même substitution aux autres espèces de tramways, comme aussi de rendre au rail concave la longrine de bois, au lieu du lit de bitume.

D'ailleurs, variées sont les combinaisons que l'on peut faire par le mélange des systèmes, en empruntant aux divers genres de tramways que nous avons décrits, les éléments qui les distinguent, pour les introduire ailleurs. C'est ainsi que l'on peut appliquer les traverses en fer du système Henry aux tramways à ornière.

Nous allons donner quelques exemples de ces combinaisons. Nous commencerons par notre rail à contour courbe et nous formerons ainsi un genre de tramway tout nouveau, tant par ses accessoires que par le profil de son rail.

M. Loubat, lors de la première édition de notre ouvrage, ne dédaignant pas de suivre nos préceptes, a fait éprouver lui-même à son rail une transformation de cette nature, et qu'on verra plus loin.

### § 10. SYSTÈME MODIFIÉ DU RAIL A CONTOUR COURBE.

D'abord, nous supprimons les plaques de jointure comme inutiles.

Ensuite, au lieu de longrines de $0^m,05$ de hauteur, nous admettrons des longrines de $0^m,06$ d'épaisseur seulement, sur la largeur ancienne de $0^m,11$. Ce peu d'épaisseur des longrines permettra de tenir la cheville d'attache et sa clavette au-dessous de la longrine même.

Nous remplaçons les traverses de bois par des tringles en fer carré de $0^m,02$ de grosseur. Ces tringles sont entièrement droites, elles sont un peu plus longues ($1^m,62$) que la largeur de la voie. Elles sont percées à leurs extrémités de quatre trous à clavettes, deux par extrémité, et dirigés tous dans leur longueur, suivant le même plan d'axe de la barre de fer.

Si nous considérons seulement une des extrémités de cette traverse, nous verrons que les deux trous et les deux clavettes qui lui appartiennent, sont écartés les uns des autres d'un peu plus que $0^m,11$, distance qui représente la largeur des longrines.

Deux plaques de tôle, munies chacune d'une échancrure, sont annexées à cette extrémité. On les place à cheval sur la traverse, entre la clavette qui les presse et les longrines qu'elles doivent embrasser.

Une traverse seule suffit pour chaque jointure de deux longrines consécutives.

Ces longrines sont évidées à leurs extrémités inférieures, de manière à laisser passer la barre de fer, qui ferme ainsi la jointure au-dessous et sert de soutien à la fois aux deux longrines consécutives.

Ce n'est que lorsque les tringles de fer et les longrines sont placées sur la voie qu'il convient de poser les plaques de tôle à cheval par leur échancrure sur les traverses et les clavettes dans leurs trous, à droite et à gauche des longrines, de manière que les plaques couvrent latéralement les jointures et saisissent entr'elles deux à deux, comme dans une mâchoire d'étau, les extrémités de deux longrines consécutives.

Nous donnons à la tranchée des longrines une profondeur de $0^m,10$ sur $0^m,14$ de long.

Nous appliquons au fond de cette tranchée une couche de $0^m,03$ de bitume granitique.

On marque dans ce bitume la place destinée aux clavettes et aux saillies des chevilles d'attache.

On pose les traverses, les longrines, les plaques, les clavettes et les rails à la suite de ce lit de bitume.

Une fois cette pose achevée, on noie le tout jusqu'au niveau de la route, mais en laissant libres les ornières de la voie, dans une coulée de bitume granitique, laquelle comble, à droite et à gauche des longrines, les vides de

$0^m,015$ environ qui existent encore dans la tranchée, et couvre même, à défaut des plaques de jointure, les joints des longrines.

Le chemin de fer, macadamisé en dernier lieu avec soin, est dès lors établi.

Son prix de revient n'est plus celui du devis E, mais il est donné par le devis suivant J.

## Devis J

### *d'un tramway à contour courbe, modifié d'après les règles précédentes.*

**Légende pour six mètres de voie :**

| | |
|---|---|
| 12 mètres de rails, au poids total de $133^k,30$ à raison de $0^f,34$. | $45^f,280$ |
| 15 chevillettes simples de $0^m,006$ de diamètre et de $0^m,07$ de long. . . . . . . . . . . . . . . . . . . . . . | 0 ,300 |
| 15 chevillettes à clavette de 0,007 de diamètre et de 0,093 de long. . . . . . . . . . . . . . . . . . . . . . | 1 ,500 |
| 15 clavettes à 0,05 pièce . . . . . . . . . . . . . . . . | 0 ,750 |
| 15 trous à percer dans le rail pour chevilles simples . . . . . | 0 ,750 |
| 15 trous à percer dans le rail pour chevilles à clavette . . . . | 0 ,900 |
| 12 mètres de longrines formant $0^{m3},0924$ à 70 francs. . . . . . | 6 ,468 |
| 3 traverses en fer carré de $0^m,02$ d'épaisseur, poids 10 kilogr. à $0^f,34$. . . . . . . . . . . . . . . . . . . . . . | 3 ,400 |
| 12 plaques de jointure de 0,005 d'épaisseur, sur 0,05 de large et 0,08 de long, $0^{m3},00002$ par plaque, poids $0^k,153$ ; total $1^k,224$ à $0^f,34$. . . . . . . . . . . . . . . . . . . | 0 ,416 |
| 12 trous à clavette à percer dans les traverses à $0^f,05$. . . . . | 0 ,400 |
| 12 à $0^f,06$ . . . . . . . . . . . . . . . . . . . . . | 0 ,480 |
| Total. . . . . . | $60^f,644$ |

| | | |
|---|---|---|
| Pour 1 mètre linéaire de voie 1/6. . . . . . . . . . . . . . . | | 10 ,107 |
| Tranchées des longrines. Surface génératrice $0^m,14 \times 0,10 = 0^{m2},014$. | | |
| Pour 1 mètre linéaire de voie...... $0^{m3},028$ à $0^f,50$. . . . . . . | | 0 ,014 |
| Bitume. Lit du fond $0^m,14 \times 0,03 = 0^{m2}0842$, pour un mètre linéaire de voie..... $0^{m3},0084$ . . . . . . | $0^{m3},0084$ | |
| Bain de remplissage $0^m,07 \times 0^m,03 = 0^{m2},0021$ pour 1 mètre de voie . . . . . . . . . . . . . . . | $0^{m3},0042$ | |
| | $0^{m3},0126$ | |
| | à 40 fr. | 0 ,504 |
| Tranchée de la chaussée comprenant celle des traverses. La voie entre l'axe des ornières supposée de $1^m,384$ ; la tranchée qui reste à faire entre les deux bitumes est de $1^m,354$ de large sur 0,10 de profondeur..... $0^{m3},1355$ à $0^f,50$ le mètre cube . . . . . . . | | 0 ,068 |
| Macadam..... $0^{m3},1354$ à 4 fr. le mètre cube . . . . . . . . . . | | 0 ,542 |
| Main-d'œuvre pour éviter les longrines et les percer, pose, accessoires. . . . . . . . . . . . . . . . . . . . . . | | 3 ,000 |
| Coût d'un mètre de voie terminée. . . . | | $14^f,235$ |

Ou pour 1 kilomètre 14235 fr., soit 14500 francs.

Nous avions trouvé, par le devis E, que le tramway à rail courbe, au prix kilométrique de 18111 francs, était le moins coûteux de tous les tramways à ornière ; le devis J précédent, qui fait tomber ce prix à 14500 francs, ne fait que confirmer ce résultat. Mais le rail concave n'en reste pas moins encore le plus économique de tous les tramways.

Il y a dans ce système modifié de tramway à rail courbe deux organes, dont la conservation est importante, la longrine et la traverse ; la première en bois et la seconde en fer, comme dans le système Henry.

Nous avons promis d'indiquer une méthode rationnelle pour préserver le bois de la destruction naturelle ; nous tenons plus loin notre promesse. (Voir le supplément à la fin de l'ouvrage.)

Quant au fer, on emploie généralement pour sa conservation, des peintures à base de plomb ou bien l'étamage au zinc, qui constitue le fer galvanisé.

Mais ces moyens retardent le mal sans y porter remède. Il existe une peinture chimique très-simple et à bas prix, qui garantit le fer, mieux que les autres couvertes ordinairement employées. Nous l'indiquons aussi plus loin.

D'ailleurs, le bain de bitume dont nous enveloppons les longrines et les traverses dans le système modifié de tramway à rail courbe, est lui-même un préservatif excellent pour le bois et pour le fer. Il suffit aux exigences pratiques de la construction.

## § 11. TRAMWAY DE MONTAGNE.

Pour second exemple des combinaisons qu'on peut faire avec les divers systèmes de chemins de fer à chevaux, nous donnerons le projet d'un tramway, qui devait être établi par nous, sur les rampes d'une route en montagne et servir à l'exploitation d'une forêt.

La route communale, pour laquelle était destiné notre tramway, n'avait pas plus de 6 mètres de largeur. Construite au flanc des hauteurs qu'elle côtoyait, elle était presque toujours suspendue sur les torrents bondissant au fond de la vallée. Comme il fallait laisser un certain espace au charroi ordinaire, il y avait nécessité de placer le tramway le plus près possible du bord de la route et du bord dangereux encore, afin qu'en cas de rencontre, le voiturier libre pût toujours se ranger contre la montagne.

Pour répondre à cette condition, nous imaginâmes la combinaison suivante : Nous adoptâmes d'abord les traverses et les longrines, parce que par ce moyen l'on pouvait poser l'un des rails de la voie, le plus près possible du bord dangereux de la route ; la traverse mise en soutien de la longrine pouvait au besoin arc-bouter celle-ci, et la maintenir à sa place, même au milieu d'un éboulement partiel de la chaussée.

Mais ne trouvant pas les rails consacrés par l'usage, suffisamment protecteurs contre un déraillement, qui aurait été dangereux ici, nous eûmes recours à une variété de rail concave, pour un des côtés de la voie, le côté qui devait longer les précipices.

Ce rail, laminé, en fer est représenté fig. 26. Sa section ou son gabarit est compris entre deux courbes concentriques, à deux centres C et D, et qui se relèvent du côté où l'on a dessein surtout de s'opposer énergiquement à tout déraillement. Ce redressement peut même, pour les cas extrêmes, se prolonger suivant les tangentes PR et OQ, de manière à rendre impossible tout événement de cette nature, quelque près que soit le rail du bord dangereux de la voie.

Quant à l'autre rail, c'était tout simplement une bande en granit ou mieux en serpentine compacte, semblable à celle des tramways du devis F, et très-légèrement concave.

Fig. 26.

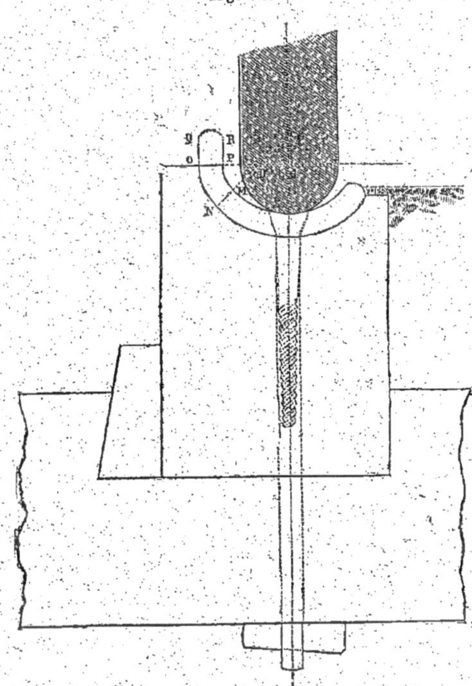

La roue des wagons devait avoir la jante en demi-cercle, comme le représente la fig. 26, qui donne la section de cette jante et le centre J du demi-cercle dont elle est formée.

Naturellement, il n'y avait de longrines que du côté du rail métallique et cette longrine était soigneusement évidée d'après la forme du rail, de manière que celui-ci pouvait s'y appliquer parfaitement.

Chaque rail n'avait que 2 mètres de long comme la longrine, et se fixait sur cette dernière : 1° à ses extrémités par des clous rivés à clavette ; 2° entre ces deux clous rivés, par une vis à bois ; clous rivés et vis ayant leur tête noyée dans le plafond du rail.

Les clous rivés à clavette des extrémités des longrines avaient pour but non-seulement d'unir le rail à chaque longrine, mais encore celle-ci à la traverse, afin de faire un bout solidaire des diverses parties du tramway. A cet effet, les clous rivés étaient d'une force et d'une longueur suffisantes.

La traverse avait une hauteur de $0^m,15$, mais une largeur de $0^m,20$, ce qui lui permettait de soutenir les extrémités de deux longrines conjuguées. Elle était d'ailleurs noyée dans le macadam de la route et se prolongeait sous le rail en serpentine, de manière qu'ainsi maintenue, elle pouvait servir efficacement de sentier aux longrines le long du bord dangereux, et servir au besoin d'arc-boutant au rail métallique.

On conçoit les avantages d'un pareil système pour des cas spéciaux.

Voici d'ailleurs le devis d'un tramway de ce genre.

### Devis K.

*D'un tramway mixte à rail concave et à bande de serpentine, pour montagne.*

Gabarit du rail métallique pour $0^m,12$ d'épaisseur, $0^{m^2},00140052$ qui, à la densité de 7650, donne pour le poids de chaque mètre linéaire : $10^k,71$.

| | |
|---|---|
| soit 11 kilogrammes et pour 4 mètres de voie : 44 kil., à $0^f,34$ . . | $14^f,96$ |
| Serpentine $0^m,15 \times 0,30 \times 4^m = 0^{m^3},18$, à 40 fr. . . . . . | 7 ,20 |
| 2 longrines de $2^m$ de long $0,20 \times 0,15 \times 4^m$ } $0^m,20 \times 0,15 \times 7,24 =$<br>2 traverses de $1^m,62$ $0,20 \times 0,15 \times 3^m,24$ } $0^{m^3},2172$ à 70 fr . . . | 15 ,20 |
| 4 chevilles à clavette, à 2 fr. pièce. . . . . . . . . . . . . | 8 ,00 |
| 2 vis, à 0,25. . . . . . . . . . . . . . . . . . . . . | 0 ,50 |
| Pour 4 mètres de voie. . . . | $45^f,86$ |
| Le 1/4 ou 1 mètre de voie. . . . . . . . . . . . . . . . | $11^f,46$ |
| Tranchées pour 1 mètre de voie, $0^m,20 \times 1,62 \times 1 = 0^{m^3},324$ qui, à $0^f,50$ . . . . . . . . . . . . . . . . . . . | 0 ,17 |
| Macadam, $0,20 \times 1,17 \times 1 = 0,234$ qui, à $3^f,50$. . . . . . . | 0 ,82 |
| Main-d'œuvre, pose, accessoires. . . . . . . . . . . . . . | 1 ,55 |
| | $13^f,00$ |

Ce qui donne une dépense de 13,000 fr. par kilomètre.

## § 12. TRAMWAY EN FONTE.

Les rails en fonte ont cédé la place dans la construction des chemins de fer aux rails en fer laminé, ceux-ci même doivent à leur tour disparaître devant les rails en fer aciéré. Toutefois, nous pensons que les premiers pourraient être employés souvent avec avantage pour les petites lignes, dans les pays surtout où les fontes aciéreuses sont à bas prix. Aussi donnerons-nous ici, comme étude complémentaire des tramways, l'exemple d'un tramway en fonte.

La forme qui convient le mieux aux rails de fonte est selon nous le gabarit du rail à vis (fig. 27).

Toutefois, ce gabarit demande dans ce cas à être renforcé de quelque peu sur sa base et nous lui ajoutons à cet effet une épaisseur de 0m,005 dans la plus grande largeur.

Fig. 27.

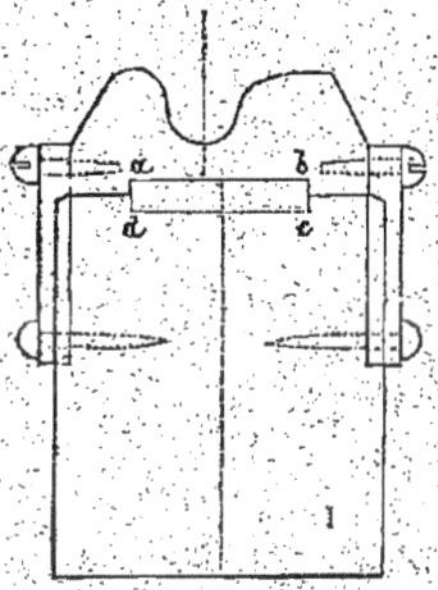

Le gabarit de ce rail avait en surface. 0m²,0023

L'addition que nous lui faisons de

0m,005 × 0m,10 = . . . . . . 0 ,0005

porte cette surface génératrice à . . 0m²,0028

Nous ne donnons à chaque pièce de rail en fonte que 2 mètres de longueur et nous appliquons 4 vis d'attache par pièce.

La longueur des longrines coïncidera donc avec chaque pièce de rail, circonstance qui rendra faciles et rapides les changements de rails sur la voie en cas de réparation.

D'ailleurs, nous laissons tout le reste de la construction dans les mêmes conditions que dans le devis D. Nous nous contentons seulement de supprimer les plaques de jointure.

D'où il résulte le devis suivant :

### Devis L.

*D'un tramway à rail en fonte à vis.*

Surface génératrice du gabarit de la fig. 27, 0m²,0028.

Cube du mètre courant 0m³,0028, qui, à la densité de la fonte 7200, donne 18k,76.

| | |
|---|---|
| 12 mètres de rails au poids de 225k,12 font, à raison de 0f,21. | 47f,276 |
| 24 vis à bois (4 par chaque 2 mètres), à 0f,06. . . . . . . | 1 ,440 |
| 24 trous de vis [1] à aléser, à 0f,02. . . . . . . . . . . | 0 ,480 |
| 18 mètres de longrines et traverses 0m³,27, à 70 fr. . . . . | 18 ,900 |
| 6 coins, à 0f,10 pièce. . . . . . . . . . . . . . . . | 0 ,600 |
| Immersion dans la glu marine. . . . . . . . . . . . . | 5 ,400 |
| Pierraille, 1m³,05, à 3f,50. . . . . . . . . . . . . . | 3 ,675 |
| Main-d'œuvre, tranchées, etc., à 5 fr. le mètre. . . . . . | 30 ,000 |
| Total. . . . . | 107f,771 |

Prix du mètre courant de voie construite, le 6e 17f,972 ou 17,962 francs par kilomètre.

Nous obtiendrons une réduction dans ce prix, en appliquant à ce système la même combinaison que nous avons faite pour la construction du tramway à rail courbe, devis J.

[1] Les trous des vis percés dans le plafond de l'ornière des rails sont coulés avec la fonte.

## § 13. SYSTÈME LOUBAT MODIFIÉ.

A peine la première édition de notre ouvrage sur les *Tramways* venait-elle de paraître, que M. Loubat modifiant le gabarit de son rail, le ramena au genre des rails à contour courbe.

Seulement, adoptant le système d'attache du rail à vis, il put donner plus de légèreté encore à son modèle.

On voit ici un nouvel exemple des combinaisons que l'on peut faire des organes de différents systèmes de tramways pour en former des variétés plus économiques.

Le devis du rail Loubat modifié peut être établi comme il suit :

### Devis M.

Le gabarit offre $0^{m2},00137$ environ de surface ; il s'en suit qu'à la densité du fer laminé 7650, le rail Loubat modifié pèse à très-peu près $10^{k},48$ par mètre courant, soit $10^{k},50$.

Détail pour 6 mètres de voie comme au devis C.

| | |
|---|---|
| 12 mètres linéaires de rails pesant ensemble 126 kilogrammes, à $0^{f},34$ | $42^{f},840$ |
| 18 vis à bois (3 par chaque 2 mètres), à 0,06 | 1 ,080 |
| 18 trous pour vis percés dans l'ornière du rail, à 0,05 | 0 ,900 |
| 18 mètres de longrines et traverses $0^{m3},27$, à $70^{f}$ le $m^3$ | 18 ,900 |
| 6 coins en bois de chêne, à 0,10 la pièce | 0 ,600 |
| Immersion du bois à deux couches dans la glu marine | » » |
| 9 mètres superficiels, à 0,60 | 5 ,400 |
| Pierraille, $1^{m3},05$, à 3,50 | 3 ,675 |
| | $73^{f},395$ |
| Main-d'œuvre additionnelle | 30 , » |
| Total du coût de $6^{m}$ de voie | $103^{f},395$ |
| Pour 1 mètre de voie le 1/6 | $17^{f},232$ |

soit : $17^{f},25$.

Ce qui porte le coût du kilomètre à 17,250 fr. environ, et constitue une économie de plus de 5000 fr. sur le premier système.

En introduisant quelques changements de détail dans le tramway précédent, on doit arriver à un chiffre de coût kilométrique plus économique encore. Nous laissons au lecteur le soin de faire lui-même ce travail.

Les modifications apportées par M. Loubat à sa première manière ne consistent pas seulement dans le gabarit du rail, mais encore dans l'introduction des voitures à trains mobiles. On sait que ceux-ci étaient fixes d'abord.

Mais quand les voitures du nouveau modèle furent une fois lancées sur la voie, on se trouva tout à coup en présence d'une difficulté assez grave.

Les mentonnets ou boudins des roues, qui plongent à droite et à gauche dans les ornières des rails, se trouvèrent exposés, par suite du déviement continuel en diagonale des essieux, à buter contre les parois de ces ornières. Il en résultait un frottement excessif qui nuisait à la traction d'une manière sensible.

Pour obvier à cet inconvénient, on se décida à supprimer le mentonnet des roues d'un même côté.

Ainsi le déraillement n'est empêché que par le mentonnet des roues de gauche, par exemple, plongeant dans l'ornière d'un des rails de la voie, tandis que les roues de droite sont à bandes plates et roulent librement sur le relief de l'autre rail.

Les voitures du chemin de fer de Versailles et celles qui partent de la place de la Concorde à Paris sont construites d'après ce système.

Malgré cette simplification importante pour la traction, l'ornière des tramways du système Loubat présente des inconvénients qui lui sont inhérents et qu'il sera difficile de faire disparaître entièrement. Ce sont ceux qui proviennent de la facilité avec laquelle elle s'encombre des graviers et des saletés de la route, et de la difficulté ensuite, que présente son nettoyage. Il y a sur le chemin de fer de Versailles un chariot, armé de deux socs récurateurs, et qui est employé tout exprès pour le déblaiement incessant des ornières. On arrive ainsi assez bien, à les tenir libres et courantes; mais ce n'est pas sans peine ni dépenses.

Nous avons vu qu'au principe des tramways, les voitures à essieux fixes, qui arrivaient au terme de leur voyage, n'effectuaient pas d'évolution pour leur retour. Elles ne quittaient jamais la voie. On se contentait de dételer les chevaux de l'avant, pour les atteler à rebours. C'est ainsi qu'on revenait en arrière. Chaque wagon était fixé au chemin de fer dans un sens inflexible. Il en résultait que pour les tramways construits sur la déclivité des bas-côtés d'une route, le coffre des véhicules penchait toujours d'un même côté et fatiguait les mêmes ressorts.

Dans la nouvelle manière, avec les trains mobiles, comme on tourne la voiture à l'extrémité de la voie, on penche tantôt sur la droite et tantôt sur la gauche; il y a à chaque voyage une solution de continuité dans la fatigue des ressorts d'un même côté, c'est une amélioration.

D'ailleurs, aujourd'hui pour retourner les voitures au bout de la voie, on se contente de sortir du tramway et de leur faire exécuter une évolution sur la chaussée libre, comme pour toute voiture ordinaire. On ramène ainsi tout le système sur la route mais en sens inverse.

Pour faciliter la rentrée des voitures dans les rails, on a terminé les rails d'arrivée par un épanouissement en cœur, dont l'ornière en s'évasant constitue le centre, de manière que les roues à mentonnet une fois engagées dans l'ouverture de cet épanouissement sont obligées, en avançant toujours, de reprendre le rail et ramènent en sens contraire tout le système sur la voie.

M. Loubat avait imaginé pour tourner, aux extrémités des tramways, un moyen très-ingénieux, mais que la pratique n'a pas consacré, comme on vient de le voir.

Quand une voiture ordinaire à quatre roues veut rebrousser chemin et qu'elle tourne suivant une courbe de court rayon surtout, les roues de l'arrière ne parcourent pas les mêmes lignes que les roues de l'avant. On peut lire à ce sujet tout ce que nous avons dit sur le parcours des courbes, dans le chapitre de la roue, du présent ouvrage.

M. Loubat avait donc proposé de placer aux extrémités de ses tramways, deux voies s'épanouissant au bout de la voie de parcours et formant une double zone annulaire, de manière à recevoir l'une, les roues de l'avant de la voiture, et l'autre les roues de l'arrière. Quelque élégante que soit cette solution du retournement des wagons sur les rails, la pratique des tramways, comme nous l'avons dit, a préféré le mode plus simple de tourner au sortir de la voie, sur la chaussée libre. On peut d'ailleurs avoir recours à notre rail intermédiaire, qui est décrit plus haut dans le présent ouvrage et qui permet d'offrir à l'extrémité des rails, comme dans les embranchements, une surface d'une étendue facultative pour toutes les évolutions spéciales des véhicules.

Résumons-nous; les modifications apportées par M. Loubat à son système consiste dans le changement du gabarit de son rail, dans l'introduction sur la voie de voitures avec avant-train libre, puis dans la suppression des mentonnets des roues d'un même côté, enfin dans la manière de faire tourner les voitures au bout du voyage.

Il convient de faire observer ici que l'abandon des mentonnets pour les roues d'un même côté n'est que la transition du rail à ornière, au rail libre.

Les inconvénients inhérents aux ornières et que nous avons signalés, ont stimulé le zèle des inventeurs. On a proposé de nouveaux systèmes que nous allons décrire, entr'autres celui de M. Galy-Cazalat.

## § 14. SYSTÈMES DE RAIL SURVILLE ET GALY-CAZALAT.

M. Galy-Cazalat a proposé d'appliquer aux tramways un rail de son invention qui, bien qu'il ne soit qu'une modification du rail cylindrique de M. Surville, diffère cependant des modèles acceptés jusqu'à ce jour.

Dès l'origine même des chemins de fer on a bien songé à donner aux rails la forme cylindrique, mais en fait, le rail cylindrique n'eut que des applications fort restreintes dans quelques usines. M. de Surville essaya d'en faire un système complet, mais qui n'eut aucun emploi sérieux que nous sachions.

M. Galy-Cazalat pensa avec raison que la forme cylindrique, repoussée des chemins de fer à locomotive, pourrait être adaptée aux chemins de fer à chevaux. Au lieu de faire usage à cet effet d'un cylindre plein, il s'arrêta à la forme tubulaire.

Nous allons décrire son système d'après les derniers changements qu'il y a introduits.

T (fig. 28) tube en tôle rivé sur les côtés, de $0^m,08$ de diamètre, constituant le rail.

Ce tube est rempli d'un mastic que l'auteur nomme mastic de fonte et qui est composé de goudron, de sable et de brai de Basthène.

M. Galy-Cazalat donne $1^m,50$ de long à chaque pièce de rail.

Pour unir une pièce à l'autre, M. Galy-Cazalat se servait d'abord d'un système d'écrou et de tampon assez compliqué, que nous passerons sous silence, d'autant plus volontiers qu'il a été remplacé par un moyen plus simple.

Fig. 28.

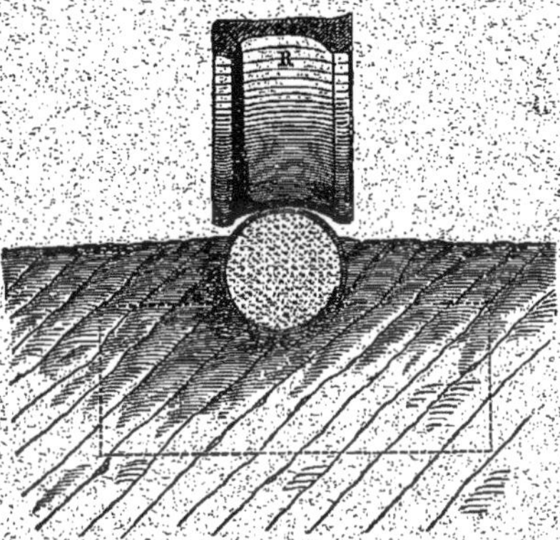


Ce moyen consiste à tamponner les deux extrémités de chaque rail tubulaire, déjà garni de son mastic, et à laisser déborder le tampon de quelques centimètres hors du rail, comme le bouchon d'une bouteille.

Fig. 29.

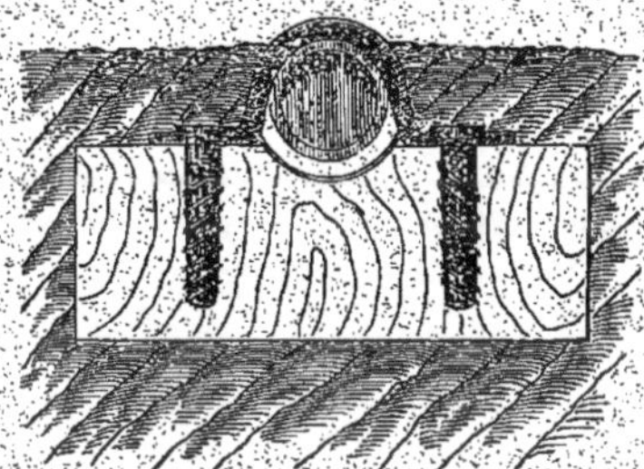

M. Galy-Cazalat a cru devoir adopter un tampon de fonte, qui au sortir du rail tubulaire est d'un diamètre plus petit. Il est évident qu'en plaçant alors deux pièces de rail tampon contre tampon, on peut les fixer sur les longrines ou les traverses, au moyen de vis et de brides de fer demi-circulaires, ayant pour diamètre le diamètre extérieur du tube des rails. Chaque bride embrasse à la fois le bout des deux tampons des rails de jonction et couvre la jointure.

Mais M. Galy-Cazalat supprime les traverses et les longrines ; il se contente de socles de bois placés aux points de jonction des rails. Il donne $0^m,20$ environ de côté à ces cubes.

Fig. 30.

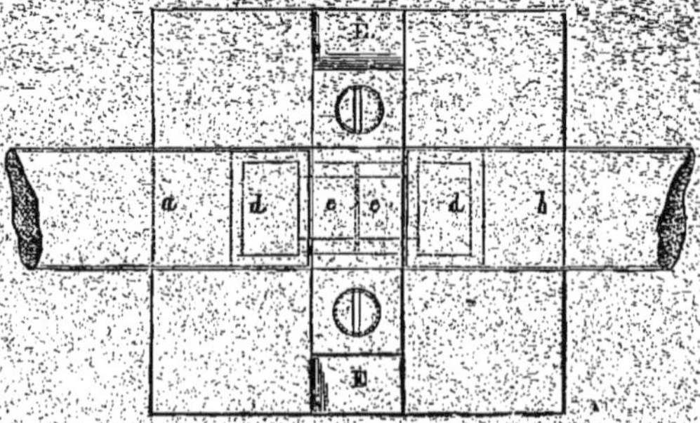

Le reste du rail est supporté sur une tranchée remplie de sable. Il pave à droite et à gauche avec des dés de grès afin d'obtenir le niveau dans la voie.

Fig. 31.

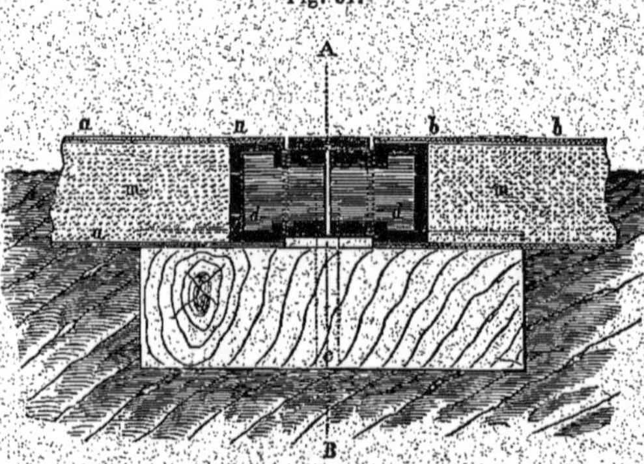


En jetant un coup d'œil sur les figures 28, 29 et 30, qui représentent ce système, on comprendra tout aussitôt l'agencement de ses diverses parties.

Voici le devis de cette sorte de tramways.

### DEVIS N.

*Système tubulaire de M. Galy-Cazalat pour une tôle de 0,002 d'épaisseur, qui est un minimum.*

Poids de la tôle par pièce de rail de 0,07 de diamètre, sur 1,50 de long et 0,002 d'épaisseur. 6k,54
Poids des clous rivés . . . . . . . . . . . . . 1 ,00
7k,54 à 0f,60 4f,524
Quantité de mastic pour chaque tube 0m³,006 . . . . à 40 ,00 0 ,024

*Tampon de fonte.* Diamètre du tampon 0m,07 — 0m,004 = . . . . . . . . . . . . . 0m,066
Diamètre du bout du tampon qui sort du tube . 0 ,06

Longueur du tampon { Longueur de la partie du tampon qui est dans le tube . . 0,08 ; Longueur de la partie qui sort du tube . . . . . . . . . 0,02 } 0 ,10

Volume du tampon plein { Volume de la partie qui est dans le tube $\pi \times 0,033^2 \times 0,08 =$ 0m³,000273 ; Volume de la partie qui sort du tube $\pi \times \overline{0,03}^2 \times 0,02 =$ 0 ,000056 }

Total du volume. . 0m³,000329

On peut évider l'intérieur de ces tampons de 1/4 environ, ce qui donne pour volume effectif 0m³,000246 qui, à la densité de 7200, donne le poids de 1k,77 pour chaque tampon, ce qui à 0f,21 le kilogramme donne pour deux tampons . . . . . . . . . . . . 0f,740

*Brides.* Diamètre extérieur . . 0,07
Diamètre intérieur . . 0,06
Épaisseur de la bride . . 0,01
Largeur . . . . . . . 0,04 } Volume 0m³,000104
Longueur totale. . . . 0,26

Qui à la densité de 7650 donne pour chaque bride le poids de 0k,795, soit 0k,80, au prix de 0f,34 . . . 0 ,272
Deux grosses vis à 0f,06. . . . . . . . . . . . . 0 ,120
Deux trous fraisés dans la bride . . . . . . . . . 0 ,050
Façon du cintrage de la bride et accessoires. . . . . 0 ,120

Prix total d'un tube-rail avec ses deux tampons et sa bride 5f,950

Pour trois mètres de voie. . . . . . . . . . . . . . . 23f,80
N° 4. Socles de bois de $\overline{0,20}^3 =$ 0m³,008, total 0m³,032 à 70 fr. 2 ,54
Mise en place et ajustage des tubes sur les dés à 0,50 par mètre courant de voie. . . . . . . . . . . . . . . . . 1 ,50
Tranchées de sable 0m,30 × 0,20 × 6 = 0m³,36.
Déblai de 0m³,36 à 0,50 . . . . . . . . . . . . . . 0 ,18
Sable de remblai à 3,50 . . . . . . . . . . . . . . 1 ,26

A reporter . . . . . . . . . . . . . 29 ,28

| | | |
|---|---|---|
| Report | | 29f,28 |
| Pavage et pavés pour 3 mètres de voie, en tout 12 mètres linéaires de pavés de 0,20 de côté en moyenne, ou n° 60, pavés à 0f,55 chaque, mise en place | | 33,00 |
| Coût total de trois mètres de voie | | 62f,28 |
| Le tiers pour avoir le prix du mètre linéaire de voie | | 20,76 |

Ainsi, le coût du kilomètre dans ce système s'élèverait à 20760 fr.

Mais en supprimant le pavage longitudinal, on réduit le prix de 3 mètres linéaires de voie à 29f,28.

| | | |
|---|---|---|
| Dans ce cas, l'inventeur met pour maintenir l'écartement des rails de la voie, des traverses en tringles de fer, et l'on a alors pour 3 mètres de voie deux tringles du poids de 4 kilogrammes environ chacune, ensemble 8 kilogrammes, à 0f,34 | 2f,72 | |
| Façon de 8 trous de vis | 0,40 | |
| Façon des tringles pour former l'équerre | 0,10 | |
| 4 vis d'attache supplémentaires aux vis des brides à 0,06. | 0,24 | |
| Tranchées pour placer les tringles traverses, mise en place et ajustage | 0,30 | |
| | 3f,76 | 3,76 |
| Total pour 3 mètres de voie | | 33f,04 |

Pour 1 mètre de voie 11f,013.

Pour 1 kilomètre de voie 11013 francs.

Mais, dans ce cas, le rail reste en relief sur la voie.

Nous ferons observer, en outre, qu'il n'a pas été question de ballast dans ce devis. En en tenant compte, on arriverait au chiffre de 11778 francs.

L'inventeur présente comme avantage de son système, la faculté qu'auraient ses véhicules de pouvoir continuer leur route au delà des rails. La jante des roues de ces véhicules étant légèrement creusée comme la gorge d'une poulie, elles peuvent rouler sur le macadam, tout aussi bien que les roues à mentonnets des voitures du tramway de Versailles, qui circulent aujourd'hui dans la rue de Rivoli, à Paris. Il est vrai que les inconvénients inhérents aux ornières du système Loubat, ont fait donner à ces mentonnets très-peu de saillie sur la jante de la roue.

L'inventeur enfin, prévient l'objection qui pourrait lui être adressée sur l'usure facile de l'enveloppe métallique de son rail tubulaire, en disant que celui-ci peut être retourné aisément sur lui-même, et présenter ainsi plusieurs fois de suite des faces neuves au roulement des voitures.

Il fait ressortir encore le bas prix de son système ; en effet, à part le rail concave, qui reste toujours le système le plus économique, le tramway de M. Galy-Cazalat est un des moins coûteux, lorsqu'on supprime toutefois le pavage longitudinal et qu'on ne donne à la tôle du rail-tube qu'une épaisseur de 0m,002. Nous trouvons cette épaisseur un peu faible pour l'objet.

Comme annexe au rail de M. Galy-Cazalat, nous allons faire la description d'un rail, cylindrique aussi, qui a été appelé rail télégraphique, et qui a pour but de joindre la télégraphie aux tramways.

### § 15. RAIL TÉLÉGRAPHIQUE.

Ce rail (fig. 32), principalement destiné aux tramways, se compose d'un tube T en tôle, ou en fer étiré, ou en fonte, rempli d'un bitume isolant B, dont la composition sera donnée plus bas.

Au centre du bitume, on ménage un conduit circulaire de $0^m,01$ environ de diamètre, à travers duquel doit passer le fil télégraphique. Ce conduit est fait au moyen d'un mandrin qu'on place au centre du rail, au moment de la coulée du bitume dans le tube.

Fig. 32.

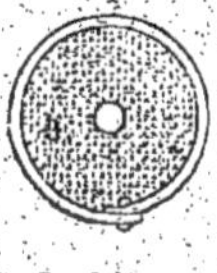

La longueur de ces tubes-rails est variable. Nous leur supposerons 1 mètre linéaire, avec un diamètre de $0^m,08$ environ.

L'épaisseur de la tôle, variable aussi, pourra être réduite à $0^m,003$ environ.

Le bitume dont l'intérieur de chaque tube est garni, n'a pas seulement pour objet d'isoler le fil télégraphique, mais encore de donner au rail une résistance suffisante pour porter le matériel de traction.

Le bitume arrive jusqu'aux extrémités de chaque tube, lequel n'est pas muni de tampons, comme dans le système de M. Galy-Cazalat.

Les tubes sont posés bout à bout l'un de l'autre et sur deux lignes parallèles, à distance voulue, pour former la voie du tramway.

On conçoit dès lors qu'on puisse faire passer le fil télégraphique dans le conduit central réservé à cet effet.

La longueur du fil peut comprendre plusieurs tubes à la fois.

Là où une solution de continuité sera nécessaire, de 5 en 5 mètres, par exemple, on peut obtenir le contact d'une section de fil à la suivante de diverses manières.

1^er^ *Procédé*. On peut armer chaque tête de section de fil d'un petit plateau circulaire ou disque de $0^m,01$ de diamètre, dépassant de quelque peu le tube extrême, de manière que lorsque la voie se forme en plaçant les tubes bout à bout, le disque du fil d'une section vienne se mettre en contact avec le fil du disque de la section suivante. Pour obtenir même un contact plus parfait, on pourrait aux extrémités de chaque section, rouler les fils en spirale, de manière à ce qu'ils puissent faire ressort derrière les disques et les pousser l'un contre l'autre.

2^e^ *Procédé*. Ou bien, on peut laisser dépasser les fils de chaque section de quelques centimètres au dehors des tubes. Si l'on suppose alors un anneau, tout juste assez grand pour recevoir les deux fils, et fixé sur l'un des fils à la sortie du tube-rail, on conçoit qu'en engageant l'autre fil correspondant dans le jour qui reste de cet anneau, on obtienne le contact continu des conducteurs électriques, nécessaire à la transmission du fluide.

3^e^ *Procédé*. On pourrait même, au lieu de l'anneau, se contenter de tordre en spirale un bout de chaque section de fil, et l'on enfoncerait, dans le vide central de cette spirale, le bout de fil droit de la section suivante, etc.

Une fois les rails et les fils conducteurs posés, la ligne télégraphique serait établie en même temps que la voie.

Pour plus de précautions, on coulerait un peu de bitume fin entre les joints de chaque tube. Ou mieux encore, on appliquerait une rondelle en caoutchouc, entre la jonction de chaque tube ; laquelle rondelle serait percée à son centre d'un trou, pour laisser passer le conducteur électrique.

Par ce moyen, on aurait deux lignes télégraphiques pour chaque voie.

Il est inutile d'ajouter qu'avec le soin d'isoler chaque fil conducteur particulier par un enduit convenable, on pourrait multiplier dans chaque tube les lignes télégraphiques. Mais nous croyons cette complication inutile pour le cas des tramways, ceux-ci n'étant destinés que pour le service des petites voies de communication, délaissées par la locomotive.

Mais, dira-t-on, s'il est incontestable qu'on obtienne par ce système une ligne télégraphique entièrement couverte, et par conséquent à l'abri des agents extérieurs, avantage que ne présentent pas les lignes suspendues de poteau en poteau, comment reconnaître le point de rupture, dans le cas d'interruption de la communication électrique ?

A cette objection nous répondrons par une autre question. Comment les voies une fois posées, le fil pourrait-il se rompre ? Par la rupture du rail, sans doute ? Dans ce cas, on devinera immédiatement le point où il sera nécessaire de porter remède.

Mais pour prévenir surabondamment tout sinistre, nous allons indiquer un moyen simple de reconnaissance, pour le cas peu probable pourtant, d'une solution de continuité sans motif apparent, dans la ligne télégraphique.

Nous pratiquons sur le côté des tubes de la voie, de dix mètres en dix mètres, par exemple, de petits trous suivant le rayon de la section circulaire de ces tubes, et qui communiquent librement avec le conduit central du fil du télégraphe. Ces trous sont soigneusement bouchés avec des substances isolantes. En cas de sinistre, nous voulons dire en cas d'interruption quelconque dans le mouvement de l'électricité, on se porte sur la voie, en ayant soin de dire à l'employé du télégraphe de maintenir le courant galvanique. On ouvre un des trous ou regards dont nous venons de parler, et l'on y introduit le fil d'un électromètre, ou même d'un petit appareil télégraphique portatif. Si le courant donne, c'est que l'interruption n'est pas entre l'observateur et la station télégraphique d'avis. On se porte à dix mètres plus loin, et l'on opère de même jusqu'à ce que l'absence du courant vous indique dans quel intervalle de dix mètres le sinistre est arrivé.

Reste à dire comment la ligne télégraphique peut être maintenue, en cas de remaniement de la voie. Ce remaniement pouvant toujours avoir lieu par sections, il suffira d'unir les fils télégraphiques, interrompus par le déplacement des rails, au moyen d'un fil intermédiaire placé à l'air libre sur de petits poteaux isolants, ou plus simplement encore au moyen d'un fil renfermé dans un tube de caoutchouc, qu'on enlève ensuite dès que la voie est rétablie.

Le rail télégraphique a donc deux emplois, il sert de support à la traction, et de conduit au fil électrique.

Nous avons suffisamment défini ce dernier rôle. Il convient de compléter notre travail en disant quelques mots du premier.

Le rail circulaire n'est pas nouveau, comme nous l'avons déjà dit à propos du système de M. Galy-Cazalat. Repoussé des chemins de fer à locomotive, il n'avait eu jusqu'ici que des applications restreintes, dont les tramways peuvent devenir le développement heureux.

Le rail circulaire télégraphique se place sans longrines, ni traverses, sur deux tranchées, tracées à distance voulue, et remplies de béton jusqu'à quelques centimètres au-dessous du rail.

Puis on achève de remplir le reste de la tranchée, jusques par dessus le diamètre horizontal du tube, avec du bitume *ferrolithoïque*.

Dans le cas plus fréquent d'une route de niveau, on arrive avec le bitume de remplissage, jusqu'au sommet du rail, en laissant à droite et à gauche du tube, une petite ornière pour le passage des rebords de la roue, qui est à gorge, comme une poulie, ou de son mentonnet, dans le cas où l'on ferait usage d'une roue à mentonnet. Le rail circulaire ne se refusant donc pas à porter des roues à mentonnet, peut très-bien continuer une voie ferrée à locomotive.

Comme complément du présent chapitre sur le rail télégraphique, nous ajouterons qu'on pourrait faire usage du télégraphe à niveau d'eau au lieu du télégraphe électrique, en employant aux jonctions des rails des bouchons en caoutchouc ou en gutta-percha, percés dans leur longueur.

Peut-être même pourrait-on tenter d'appliquer au système le télégraphe acoustique, au lieu des deux précédents.

D'ailleurs, nous ferons observer en finissant, que le fil du télégraphe électrique, abrité qu'il est dans le vide des rails, peut être d'un très-petit numéro, relativement à celui que l'on emploie dans les télégraphes des grands chemins de fer, dont le conducteur est suspendu de poteau en poteau.

Suit le devis d'un tramway à rails télégraphiques, et la composition du bitume *ferrolithoïque*.

*Bitume ferrolithoïque.*

| | |
|---|---|
| Bitume. . . . . . . . . . . . . | 60 |
| Gravier fin, très-sec . . . . . . . | 25 |
| Sulfate de fer ou alun de fer . . . . | 3 |
| Chaux en poudre. . . . . . . . . | 2 |
| | 100 parties. |

Le prix de cette composition coulée dans les tubes revient à 50 francs environ le mètre cube.

DEVIS O.

*D'un tramway à rails télégraphiques.*

| | | |
|---|---|---|
| Poids d'un mètre linéaire de tube de 0,003 d'épaisseur . . . . . . . . . . . . . . . | 6k,885 | |
| Poids des rivures . . . . . . . . . . . . . . | 1 ,000 | |
| Total . . . . | 7k,885 à 0f,60 | 4f,731 |
| Quantité de mastic ferrolithoïque pour 1 mètre linéaire de tube. . . . . . . . . . . . | 0m3,005 à 50f,00 | 0f,250 |
| | | 4f,981 |

| | |
|---|---|
| Pour 1 mètre linéaire de voie en rails, nous aurons donc . . . . | 9f,962 |
| Tranchées pour bitume, 1 mètre de voie, 2 mètres linéaires de $0^m,18$ sur $0^m,07 = 0^{m2},0126$, volume $0^{m3},0252$ à 0f,50 . . . | 0 ,013 |
| Bitume granitique pour combler ces deux tranchées, à 40 francs le mètre cube. . . . . . . . . . . . . . . . . . . . . . | 1 ,008 |
| Tranchée pour le macadam, comme dans le devis H $0^{m3},17$ à 0f,50. | 0 ,085 |
| Macadam pour combler la précédente tranchée $0^{m2},17$ à 4 fr. | 0 ,680 |
| | 11f,748 |

Ainsi, le prix d'un kilomètre de voie en tramway télégraphique, s'élève, non compris le télégraphe, à 11748 francs.

Ajoutons maintenant le devis du télégraphe lui-même au résultat précédent:

| | |
|---|---|
| Fil de fer de $0^m,002$ de diamètre pesant 23 kilogrammes par kilomètre, soit 25 kilogrammes à cause des points de jonction, à 1 fr. le kilogramme . . . . . . . . . . . . . . . . | 25f,00 |
| Pour deux fils. . . . . . . . . . . . . . . . . . . . . . . | 50 ,00 |
| Peinture préservatrice et main-d'œuvre. . . . . . . . . . . | 2 ,00 |
| *Pose.* Nous adoptons les 2/3 du prix de pose du télégraphe électrique sur poteaux. Celui-ci est de 15 francs. Soit donc 10 francs pour le tramway télégraphique . . . . . . . . | 10 ,00 |
| Les frais de machines et d'installation de 14 stations télégraphiques ont coûté sur les chemins de fer du Piémont 17528 fr., soit 1252 fr. par station. | |
| En supposant une station par chaque 5 kilomètres sur le tramway, nous aurons pour l'installation des stations et l'achat des machines, une dépense de 250f,40 par kilomètre. . . . . . . | 250 ,40 |
| Total des frais d'établissement du télégraphe par kilomètre. | 312f,40 |

Le télégraphe sur poteau coûte à établir en Piémont 903 fr. par kilomètre, et en France 600 fr., non compris l'installation des stations et les machines de transmission.

En joignant le chiffre 312f,40 du coût du télégraphe à celui de la voie 11748 fr., nous verrons que les frais d'établissement du tramway télégraphique, s'élèveront en définitive à 12060f,40 par kilomètre, somme qui reste encore inférieure au prix kilométrique de construction de la plupart des autres tramways.

Il est juste cependant, de faire observer que les frais de bâtisse des stations télégraphiques ne sont pas compris dans le devis précédent, parce que les tramways parcourant la plupart du temps les routes anciennes, il y aura toujours lieu d'employer à cet usage des locaux déjà tout construits. Les diligences au temps où elles florissaient, tenaient partout en propriété ou à bail, des bureaux qui n'avaient pas été expressément élevés pour les besoins du service.

Avec le rail télégraphique nous fermerons la liste des tramways que nous voulons décrire. Cependant la matière n'est pas épuisée ; car on peut faire un tramway avec une simple barre de fer, de n'importe quelle forme. Mais ce que nous avons écrit sur ce sujet dans la présente édition, doit suffire à la plupart des cas.

## § 16. DES RAILS EN BOIS.

Dans certaines circonstances, et pour des parcours et des usages limités, il peut être convenable de remplacer le fer par le bois. Il y a des bois exotiques d'une grande dureté, et qui pourraient faire un très-bon service comme rails de certains tramways.

Nous avons vu des échantillons d'un rail construit avec des poutrelles, revêtues latéralement d'une légère bande de fer qui en protégeait l'angle, soumis à la fatigue des roues, contre le frottement des mentonnets et des jantes.

Nous avons vu encore un autre modèle tout en bois, mais qui était composé de petits dés successifs, placés de manière que les fibres ligneuses supportassent le poids des wagons dans la verticale. L'inventeur prétendait établir des lignes durables avec son rail ; mais quoiqu'il soumît son matériel à une préparation chimique, il eût été amené rapidement à supprimer aussi les jantes de fer de ses roues.

Peut être obtiendrait-on un tramway d'une durée plus grande qu'on ne pourrait le supposer, en faisant usage de roues à jante de gutta-percha avec des rails en bois du système des rails plats ou concaves (fig. 33 et 34).

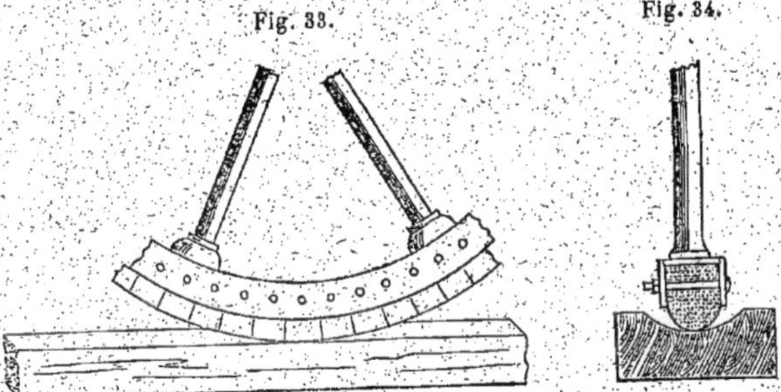

Fig. 33. Fig. 34.

Pour construire cette jante, il suffirait de deux lames latérales de fer, serrant entre elles comme dans une mâchoire, une suite de pièces de gutta-percha, fixées d'ailleurs par des boulons de droite à gauche, à ces deux lames de fer.

C'est d'ailleurs, sauf le gabarit qui est différent, sauf aussi la gutta-percha qui est substituée au bois, la disposition adoptée pour la roue motrice de certaines locomotives de secours, avec lesquelles M. Joufroy propose de faire gravir des rampes extraordinaires aux convois sur les grands chemins de fer. Cette roue motrice agirait sur un rail central accessoire, large et plat, percé de petits trous comme un crible. La jante de la roue motrice qui laisse déborder les dés de bois dont elle est formée, en pesant sur ce rail spécial, s'introduirait pour ainsi dire dans les pores artificiels que présente la surface de celui-ci. On obtiendrait par conséquent une adhérence suffisante pour vaincre les forces de recul des rampes, empêcher le patinage, et faire traverser les montagnes aux convois, sans avoir recours à l'expédient des tunnels, dans les cas où ceux-ci offriraient un travail trop considérable ou des difficultés sérieuses. Souvent même ne peut-on pas faire autrement pour passer, d'un plateau topographique à un autre, que de les relier par une rampe plus ou moins sensible suivant la configuration et le relief du terrain.

D'ailleurs l'inventeur du rail en dés de bois, avait la même prétention que M. Joufroy. Seulement c'était la roue motrice qui était percée de trous ou hérissée d'aspérités, et c'était le rail qui s'introduisait au contact, dans les irrégularités opportunes de la roue.

Il est inutile de donner le devis d'un tramway à rail de bois. Il suffit pour en avoir une idée, de supprimer le coût des rails en fer du devis d'un système sur longrines.

Sans nous étendre davantage sur ce sujet, nous allons passer à l'application qui a été proposée des tramways à l'art militaire.

## § 17. APPLICATION DES CHEMINS DE FER AMÉRICAINS À L'ART DE LA GUERRE.

C'est M. Henry qui, le premier (1853), paraît avoir proposé les rails de son invention pour le transport des matériaux de siége, et des pièces d'artillerie devant servir à l'attaque ou à la défense d'une place forte.

Nous laisserons parler sur ce point l'auteur d'une note présentée en 1854, au génie militaire de Strasbourg.

« Ce n'est pas seulement l'industrie privée ou publique, lit-on dans cette « note, qui tirera profit des chemins de fer à traction animale, l'art militaire « peut aussi en prendre sa part, et la guerre des siéges offrira surtout l'oc« casion de les utiliser.

« 1° Une des opérations les plus délicates et les plus périlleuses d'un « siége est l'armement des batteries. Le transport des pièces d'artillerie, soit « que l'on puisse les faire passer à travers champs, soit qu'on leur fasse « suivre le développement des tranchées, exige l'emploi d'un grand nombre « d'hommes et de manœuvres de force qui, par le bruit qu'ils occasionnent, « attirent l'attention et le feu de l'assiégé, d'où résultent des pertes consi« dérables en hommes et en temps. Or, si l'on suppose que l'on établisse « dans le fond des tranchées qui servent de communication aux batteries de « brèche, un chemin de fer du système Henry (ou de tout autre système à « rail plat), ce qui pourra se faire avec la plus grande facilité, à mesure « que ces tranchées s'achèveront, à l'aide d'une brigade d'ouvriers intelli« gents, l'opération si difficile dont on vient de parler, ne sera plus qu'un jeu, « auquel deux ou trois hommes seulement pourront suffire, et qui s'exécu« tera sans le moindre bruit. Ainsi un seul homme soulevant une pièce d'ar« tillerie vers l'arrière, la fera circuler facilement dans toute l'étendue d'une « tranchée, et arrivé à la rencontre d'une autre tranchée, il lui sera facile, « avec l'aide d'un ou de deux autres, de faire pivoter les roues autour des « points d'intersection des rails sur lesquels elles se trouvent avec les rails « de la tranchée suivante, de manière à mettre la pièce dans la nouvelle

« voie. Il suffira, pour faciliter cette manœuvre, d'abattre le mentonnet des « rails à ces points d'intersection sur une longueur suffisante, pour que le « mouvement de rotation ne soit pas gêné. M. Henry a du reste fait exécu- « ter un petit modèle, à l'échelle du dixième, représentant une pièce d'artillerie « manœuvrant avec la plus grande facilité sur des rails disposés comme on « vient de le dire.

« 2° Outre les pièces d'artillerie, on pourra transporter également par ce « système, dans les tranchées, les munitions, les fascines, les sacs à terre, etc., « et suppléer en un mot à tous les transports qui exigent à présent l'emploi « d'un grand nombre de bras. On pourra utiliser dans ce but des chariots « à roues très-basses, dont les deux trains sont réunis par une traverse, au- « tour des extrémités de laquelle ils peuvent pivoter l'un sur l'autre. Ces « chariots sont du genre de ceux (Lorys), dont on se sert dans les lignes « ferrées actuelles pour transporter les rails de rechange et autres objets « dans les intervalles des stations.

« 3° Enfin ce système de chemin de fer serait d'une grande utilité dans « une place assiégée pour le transport des pièces d'artillerie, des munitions, « des bois de blindage, etc., et de tous les matériaux qui ont besoin d'être « accumulés vers les fronts d'attaque. A cet effet, il suffirait d'avoir quelque « temps d'avance, dans la place, suivant son étendue, un approvisionnement « de 500, 1000 ou 1500 mètres courants de voie ferrée, que l'on poserait sur « place au moment du besoin. D'après les expériences faites à Nancy, quatre « hommes posent facilement 600 mètres courants de voie ferrée par jour ; on « pourra donc attendre sans inconvénient que le point d'attaque soit bien « déterminé pour poser la voie dans la direction qui résultera de ce fait.

« Une voie telle que celle qui serait employée dans le cas que nous venons « de supposer, n'aurait pas à supporter des poids plus élevés que 3000 kilo- « grammes. Les rails[1], calculés ordinairement pour supporter un roulage « de 6000 à 8000 kilogrammes, pourraient donc être plus légers et leur coût « réduit au moins d'un tiers. On voit donc que l'approvisionnement de ce « nouveau matériel dans les arsenaux, ne serait pas une dépense pour l'État. « Quant à son transport à la suite des armées, il se ferait avec la plus grande « facilité, puisque la voie se compose de barres de fer, dont la longueur ne « dépasse pas 3 mètres, et que 6 voitures seulement suffisent pour porter « un kilomètre courant.

« Au résumé, il serait vivement à désirer qu'on fît un essai de l'applica- « tion de ce système dans un des simulacres de siége, qui se font annuelle- « ment aux écoles régimentaires de Metz, d'Arras et de Montpellier. Les « rails et toutes les ferrures de la voie pourraient être mis à la disposition « des régiments du génie, par les soins de l'inventeur lui-même, moyennant « une indemnité correspondante aux frais de location, et aux faux frais que « l'on peut évaluer à 4000 francs environ. »

Nous ajouterons, en forme de remarque, que tout autre système de tramway à rail plat ou à roulage libre, le tramway à rail concave, par

[1] Le texte est un peu modifié ici.

exemple, peut avantageusement remplacer, dans le cas qui nous occupe, le système Henry, qui exige une chaussée surélevée au milieu de la voie.

Nous ajouterons encore pour clore ce chapitre, qu'en Crimée on a fait usage d'un chemin de fer à traction animale pour transporter du port de Balaclava sur les plateaux de Sébastopol, les approvisionnements des armées combinées.

## § 18. DES CHAUSSÉES POUR LES CHEMINS DE FER A TRACTION ANIMALE.

Dans les devis des différents systèmes de tramways que nous venons de parcourir, nous avons toujours supposé que la voie serait établie sur une route déjà tracée, dans un terrain horizontal ou ne présentant, du moins, que des pentes douces.

Mais il peut arriver des cas où la chaussée offerte au chemin de fer étant défectueuse, il serait nécessaire de la rectifier ou de suivre même un autre parcours.

La traction sur les voies ferrées comparée à celle des routes ordinaires est, pour le cas de niveau, dans le rapport de 1 à 8.

Elle n'est plus, suivant M. Loubat, que dans le rapport de :

1 à 3,25 avec 0,03 de pente ;
1 à 1,75 avec 0,06 de pente ;
1 à 1,25 avec 0,08 de pente.

Ainsi pour $0^{m},03$ de pente, au lieu du plan de niveau, il faudra pour obtenir le même effet utile, avec la même vitesse, 2 à 3 fois plus de force, à moins que d'aller 2 à 3 fois plus doucement.

Il ne conviendra donc pas, selon nous, de dépasser la pente de 0,03, que nous prenons comme un maximum dans la généralité des cas.

Ainsi, toutes les fois que sur une ancienne route on trouvera des rampes ayant plus de 0,03 de pente, d'une réduction possible, il conviendra de leur faire subir cette réduction et de changer par conséquent le tracé ou le relief primitif du chemin.

Ce changement exigera une dépense en sus, que nous n'avons pas calculée dans nos devis, et qu'il est impossible d'apprécier exactement *à priori*, puisqu'elle doit varier suivant la topographie des localités, que les tramways auront à traverser.

Mais s'il arrivait que les accidents du terrain ne permissent pas la réduction d'une rampe s'élevant jusqu'à 6 et 7 0/0, ce qui peut se présenter en pays de montagne, où ce rapport se rencontre assez souvent ; alors, à la montée, il faudrait suppléer par l'augmentation des colliers et la diminution combinée de la vitesse aux imperfections de la voie, tandis qu'à la descente, on aurait recours à des freins modérateurs.

Dans des expériences faites à Nancy, pour l'application du système Henry, on a obtenu sur des rampes de 0,066 et de 0,068, le résultat suivant, pour des parcours de 26 et 36 mètres, présentant en outre des courbes de 16 et 9 mètres de rayon.

Deux chevaux ont remorqué 7000 kilogrammes en un, deux et trois wagons. Les wagons sont partis du pied même de la rampe et bien plus, on les a arrêtés au milieu, pour leur faire reprendre ensuite leur course interrompue. C'est 2 fois 1/3 de plus au moins que sur les voies ordinaires de niveau. Ce résultat est bien supérieur aux chiffres de M. Loubat. Toutefois, on ne parle point de la vitesse dans l'expérience de Nancy. Mais quelle qu'elle soit, il ne résulte pas moins de cette donnée, que l'on peut vaincre aisément sur les tramways des rampes considérables, et que lorsque nous posons comme limite supérieure de ces rampes le rapport de $0^m,03$, nous restons dans un facile possible, en même temps qu'on entrevoit la possibilité d'arriver jusqu'au 6 0/0 et au delà, sauf à augmenter à ce point le nombre des colliers du convoi.

Peut-être conviendrait-il de donner ici quelques exemples du coût supplémentaire qu'occasionnerait aux devis des tramways, la rectification des lignes à parcourir. Mais nous trouverions des variations telles qu'il serait impossible d'arriver à une moyenne rationnelle. Toutefois, on peut dire que ce coût ne dépasserait pas 15500 francs par kilomètre modifié, puisque ce chiffre représente le prix d'une route départementale, construite à nouveau.

M. Davaine, dans les études qu'il a faites pour l'établissement d'un réseau de tramways, dans le département du Pas-de-Calais, et qui représente un développement de 165 kilomètres, évalue le coût du tramway lui-même, d'après le système Loubat, à 25120 francs par kilomètre et à 6000 francs environ par kilomètre aussi, le coût des travaux supplémentaires sur chaussées, nivellements et rectifications, répartis sur toute la longueur du réseau.

Dans un travail préalable de rectification et de nivellement exécuté sur la route de Turin à Rivoli, pour l'établissement d'un petit tramway (12 kilomètres), les ingénieurs avaient trouvé le moyen de porter au devis une dépense supplémentaire de 121000 francs pour cet objet seulement, soit $10083^f,33$ par kilomètre.

Mais en refaisant ce travail, nous réduisîmes la dépense à 40488 francs pour toute la ligne, 3374 francs par kilomètre.

On voit par cet exemple, dans quel écart on peut tomber en matière de redressement et de nivellement des routes pour les adapter aux tramways.

Le tracé topographique d'un tramway, suivant pas à pas les voies de communication établies, n'offre aucune difficulté. Dans le cas où il faudrait construire la chaussée à nouveau, le tracé du tramway est le même que celui d'une route ordinaire pour laquelle on aurait soin d'éviter les rampes au-dessus de $0^m,03$.

Nous adopterons une largeur au sommet de $5^m,50$ à 6 mètres pour un tramway à une seule voie, afin de permettre au besoin, en cas de rencontre, de s'éviter par le déraillement. Cette dimension suppose la voie entre les bords extérieurs des rails de $1^m,50$ et les accotements de 2 mètres à $2^m,25$ de large.

Dans un tramway à deux voies, nous prenons des accotements de $1^m,75$, et nous donnons à l'entre-voie les mêmes dimensions qu'à la voie de rotation, de manière à former trois voies sur les quatre rails, ce qui porte la argeur totale de la chaussée au sommet à 8 mètres environ.

Quand la chaussée est en remblai, on construit les talus en terrains ordinaires avec un et demi de base pour un de hauteur. En terre forte, on peut diminuer la pente ; en terre légère on doit l'augmenter suivant la ligne de stabilité naturelle des matériaux employés.

Quand la chaussée est en déblai, on la borde de fossés ayant un mètre de largeur et dont les rives ou bajoyers sont ordinairement inclinés à 45°.

Quant au tracé économique d'un tramway, il appartient aux études préliminaires qui donnent la raison d'être d'une voie de communication sur un point plutôt que sur un autre. Ce n'est que dans la seconde partie de cet ouvrage que nous traiterons de cette sorte de tracé.

## § 19. VOIES D'ÉVITEMENT ET STATIONS.

Dans plusieurs projets de tramways, on a fait figurer aux dépenses de construction, des stations et des voies d'évitement.

Nous craignons qu'en voulant édifier des stations expressément pour les chemins de fer à traction animale, on ne se soit laissé égarer à son insu par l'exemple des chemins de fer à locomotive. Quant à nous, nous pensons qu'il vaut mieux suivre, en matière de tramway, les traditions économiques des anciennes diligences.

Les anciennes diligences avaient des bureaux de correspondance, établis à bas prix de bail dans les villes de leur parcours. C'était ordinairement dans quelque auberge où elles plaçaient leur bureau. C'était la station de la diligence. Les hôteliers et l'entreprise gagnaient à la fois à ce système, qui leur constituait une clientèle locale, réagissant par voie de mutualité sur les affaires de l'entreprise et sur celle des hôteliers.

Un chemin de fer à traction animale ne doit pas être isolé comme les chemins de fer à locomotive, des intérêts de famille, pour ainsi dire, des localités qu'il traverse.

Le premier n'y est pas forcé par sa constitution comme les seconds. Pourquoi vouloir l'astreindre artificiellement à une condition aussi désavantageuse ? La chose est inutile, elle est coûteuse à l'entreprise.

Aussi supprimons-nous la construction des stations dans nos tramways. Nous permettrons quelques hangars seulement pour les marchandises.

Mais dans le cas où l'on tiendrait, malgré l'économie et la raison, à des stations spéciales, il faudrait bien faire entrer le coût de ces constructions de luxe, dans le devis du chemin de fer.

M. Davaine, dans la ligne d'Arras à Étaples, qui représente, comme nous l'avons déjà dit, un développement de plus de 165 kilomètres avec ses embranchements, évalue pour les stations, une dépense de 660 000 francs environ, représentant les $\frac{116}{1000}$ de la dépense totale de la voie proprement dite.

Dans le tramway de Turin à Rivoli, on voulait élever trois gares, la première au départ, la seconde à moitié route et la troisième à l'arrivée, présentant ensemble une dépense de 120000 francs, tandis que le parement de la voie en rail aurait coûté [illegible] francs (12 kilomètres à [illegible] francs, système Loubat ancien). C'était plus que la moitié du coût du tramway proprement dit.

Au cours la Reine, à Paris, le wagon du tramway de Versailles part de la place de la Concorde, sans gare ni station. Il n'y a là qu'une simple guérite de receveur.

Mais l'entreprise s'étant aperçue que ses voitures pouvaient rouler hors des rails, sur le macadam modèle de la rue de Rivoli, leur fait suivre depuis ce jour, cette rue pour les faire arriver jusqu'à ses bureaux, établis dans une traverse, non loin du boulevard de Sébastopol.

Cette innovation nous conduit plus naturellement qu'on ne saurait le supposer, à la question des voies d'évitement et à celle de la traversée des villes.

Nous croyons les voies d'évitement le long du trajet et aux stations, inutiles comme ces stations.

On peut voir précédemment dans divers passages, tirés de notre première édition, quelles sont nos idées à ce sujet, et notamment à la fin du chapitre des rails en granit, dans celui des rails à roulage libre et dans les observations qui suivent le devis H (G de la 1re édition), où nous donnons même un rail de transition pour passer de l'ornière sur le rail concave ou sur une surface plane.

En effet, nous pensons que les rails à droite et à gauche d'une gare, à l'arrivée et au départ, doivent y mourir en s'épanouissant en cœur, de manière à laisser entre la reprise des voies, une surface libre, sur laquelle on peut faire croiser diverses lignes en bandes de granit, comme dans les rues de Turin et de Milan. (Voir plus haut chapitre les tramways en granit.) Les voies d'évitement doivent donc faire place, selon nous, à une aire en parfait état de construction et d'entretien.

Par ce moyen, le convoi peut à son arrivée dévier de la direction du tramway et se porter à gauche ou à droite pour les besoins du service.

La traversée des villes peut très-bien s'effectuer sur les rails; mais en adaptant la rue, choisie pour les parcours du tramway, au système des bandes de granit, avec chaussée parfaitement empierrée au milieu, on marchera tout aussi bien.

Au cours la Reine à Paris, comme nous l'avons déjà dit dans le cours de cet ouvrage, on avait commencé par dételer les chevaux au retour pour les atteler en sens inverse ; tant on redoutait que la voiture ne quittât les rails !

Plus tard, lorsqu'on eut substitué les roues libres aux roues fixes sur l'essieu, on pensa faire tourner les voitures aux extrémités de la route sur un système de voies circulaires, que nous avons décrit en temps et lieu et qui était une complication de plus dans les tramways.

Mais avant que l'invention ne fût appliquée, on résolut plus simplement la question en faisant dérailler les omnibus aux extrémités de la route et en leur faisant effectuer tout simplement la volte-face du retour sur le macadam bien fait de la chaussée.

On en devait conclure que puisqu'on pouvait tourner sur le macadam même, on pourrait aussi y faire circuler les voitures du tramway.

BIBLIOTHÈQUE NATIONALE RF IMPRIMÉS

On fut donc amené à parcourir la rue de Rivoli, qui offre au roulement une chaussée horizontale parfaitement entretenue. Les idées les plus simples sont souvent les dernières à être mises en pratique.

Ajoutez à ces faits la suppression des mentonnets des roues d'un des côtés de la voiture et la diminution en relief des mentonnets de l'autre côté, et vous aurez un ensemble de données, qui sont la condamnation du système de tramway à ornière.

Voilà pourquoi nous considérons la traversée des villes par les chemins de fer à traction animale mieux que possible, elle est de la plus grande simplicité.

Voilà pourquoi encore nous jugeons inutiles les voies d'évitement soit dans le trajet, soit aux stations de la route, nous voulions dire aux bureaux de l'entreprise, puisque nous supprimons les stations.

Mais les aires de garage exigeront des frais d'établissement. On peut évaluer ces frais supplémentaires à 22 fr. le mètre carré.

Ce prix ne s'éloignant guère de celui des voies d'évitement, nous admettrons le chiffre de M. Davaine, qui évalue le coût de ces dernières aux $\frac{16}{1000}$ de la dépense de la voie, soit à 645 francs par kilomètre environ.

Résumons-nous : Soit A le coût kilométrique de la voie d'un tramway suivant nos devis, nous aurons pour le coût du kilomètre de chemin tout compris, la somme suivante :

| Voie. | | Voies d'évitement. | | Rectification des routes. | | Stations. | | Études préliminaires. Imprévu. |
|---|---|---|---|---|---|---|---|---|
| A | + | 645 | + | 6000 | + | 4000 | + | 2355 |

| | |
|---|---|
| C'est à dire. . . . . . . . . . . . . . . . . . . . . . | A + 13000 fr. |
| Sans les stations. . . . . . . . . . . . . . . . . . | A + 9000 |
| Sans les stations ni les rectifications. . . . . . . . | A + 3000 |

Si nous remplaçons A par sa valeur, nous aurons :

| | | | | | |
|---|---|---|---|---|---|
| Avec le *système Loubat modifié*, devis M. . . | 17250f | + 13000f | = | 30250f |
| Sans les stations . . . . . . . . . . . . . . | 17250 | + 9000 | = | 26250 |
| Sans les stations, ni les rectifications des routes. . . . . . . . . . . . . . . . | 17250 | + 3000 | = | 20250 |
| Avec le *rail à contour courbe*, devis J. . . | 14500 | + 13000 | = | 27500 |
| Sans les stations. . . . . . . . . . . . . . | 14500 | + 9000 | = | 23500 |
| Sans les stations, ni les rectifications. . . . | 14500 | + 3000 | = | 17500 |
| Avec le *rail concave*, devis H. . . . . . . . | 12000 | + 13000 | = | 25000 |
| Sans les stations. . . . . . . . . . . . . . | 12000 | + 9000 | = | 21000 |
| Sans les stations ni les rectifications. . . . . | 12000 | + 3000 | = | 15000 |

Le prix kilométrique du devis O du rail télégraphique étant de 12060 fr., on obtiendra avec ce système des résultats presque semblables à ceux du devis précédent H du rail concave.

On peut soumettre aux mêmes appréciations les autres variétés de tramways, le rail Henry, le rail Malécot, le rail Galy-Cazalat, etc. On se formera ainsi une idée du coût général des tramways, suffisamment approximative pour servir de guide dans tout avant-projet.

Nous sommes arrivés au terme de la première partie de cet ouvrage. Quoiqu'elle soit principalement consacrée aux questions techniques du sujet, nous avons été souvent amené, par la force des choses, à des aperçus économiques, que rien n'empêche de considérer comme la préface de la partie qui va suivre, dédiée surtout à l'étude des questions économiques et financières inhérentes aux voies de fer à traction animale.

Imprimerie Polytechnique de E. Lacroix, à Saint-Nicolas-Varangéville (Meurthe.)

# BIBLIOGRAPHIE DE L'INGÉNIEUR, DE L'ARCHITECTE, ETC.

IVe SÉRIE, N° XVII.

## A

**Annales du Génie civil** et recueil de mémoires sur les ponts et chaussées, les routes et chemins de fer, les constructions et la navigation maritime et fluviale, l'architecture, les mines, la métallurgie, la chimie, la physique, les arts mécaniques, l'économie industrielle, le génie rural, *renfermant des données pratiques sur les arts et métiers et les manufactures*, annales et revue descriptive de l'industrie française et étrangère, répertoire de toutes les inventions nouvelles, publiées par une réunion d'ingénieurs, d'architectes, de professeurs et d'anciens élèves de l'école centrale et des écoles d'arts et métiers, avec le concours d'ingénieurs et de savants étrangers. Eug. Lacroix, membre de la Société industrielle de Mulhouse, de l'Institut royal des ingénieurs hollandais et de la Société des ingénieurs de Hongrie, directeur de la publication.

*Liste sommaire des principaux articles publiés pendant les années* 1870 *et* 1871.

**Aciers.** — Emploi des aciers Bessemer par Greiner.

**Agriculture.** — Note sur l'Agriculture au Chili, par M. Aube; Utilisation des eaux d'égouts comme engrais; Engrais Urbain.

**Alcool.** (Fabrication de l')

**Architecture.** — Travaux du nouvel opéra de Paris, par A. Querue; Ciment de Portland.

**Architecture navale.**

**Armes.** — Transformation du fusil Chassepot.

**Bougies** nouvelles.

**Briques.** (Fabrication des)

**Câble** transatlantique.

**Chaudières.** — Fabrication des rivets pour chaudières; Désincrustation; Explosion.

**Chauffage et ventilation.**

**Cheminée.** — Construction des cheminées d'usines.

**Chimie industrielle.** — Fabrication du savon; Analyse de la houille; Teinture du coton; Nature du vert d'aniline.

**Chemins de fer.** — Percement du Mont-Cenis; Construction d'un tunnel sous la Manche; Matériel roulant; Chemins à câble métallique.

**Chemins de fer d'intérêt local.** — Les divers systèmes.

**Conservation des bois.**

**Couvertures** en ciment pour toute espèce de constructions.

**Cuivre.** — Minerais de cuivre du lac Supérieur.

**Electricité.** — Télégraphe imprimeur de M. Rémond; Câble transatlantique.

**Filature.** — Débrayage électrique de MM. Radiguet et Lecène.

**Garance.** — Son application à la teinture.

**Génie rural.** Instruments aratoires.

**Goudron.** — Extraction du goudron de lignite.

**Huiles minérales.** — Appareil de conservation, sans danger, de grandes quantités de pétrole, benzine, etc.

**Hydraulique.** — Pompe pneumatique américaine; Théorie des roues à auges; Mines sous-marines pour le désenrochement; Distribution d'eau.

**Incendies.** (Extinction des)

**Jauge** de poche pour mesurer les plaques de métal.

**Jurisprudence industrielle.** — Epuisement d'un puits, mur mitoyen; Constructions élevées périssant par le vice du sol; Mines; Dommages; Indemnité.

**Lampes de sûreté** pour mines.

**Machine à air.** (Théorie de la) par E. Leclert.

**Machines à vapeur.** — Les surchauffeurs; Machine d'expansion à clapet; Machines fixes; Chaudières fixes; Travail produit par une machine dépensant 1 mètre cube de vapeur; Soupape de sûreté; Réchauffeur et enveloppe de cylindre, etc.

**Marine et navigation.** — Renflouage du *Taranaki*; Construction d'un Yacht; Propulseurs hélicoïdaux, par M. Ch. Antoine.

CONDITIONS DE SOUSCRIPTION AUX ANNALES DU GÉNIE CIVIL.

Les **Annales du Génie civil** paraissent depuis le 1er janvier 1862 ; elles se composent mensuellement d'une brochure de 4 à 5 feuilles grand in-8, avec figures intercalées dans le texte et 3 ou 4 planches in-4 ou in-folio, de manière à former chaque année un volume d'environ 900 pages et un atlas d'environ 40 planches.

*Prix de l'abonnement annuel :*

| | |
|---|---|
| Paris | 20 fr. |
| Départements | 25 fr. |
| Étranger | 30 fr. |
| Pays d'outre-mer | 35 fr. |
| Les numéros ou articles se vendent séparément | 4 fr. |
| Pour l'étranger et les pays d'outre-mer | 5 fr. |

**Annuaire,** ou Recueil des travaux de la Société des **anciens élèves des Écoles d'arts et métiers.** Paraît annuellement depuis 1848. Il forme par an un volume d'environ 460 p., avec figures dans le texte et 6 pl. in-folio.

Prix par an, pour les souscripteurs. . . . . 10 fr.

SOMMAIRE DE LA TABLE DES MATIÈRES.

La monnaie internationale, par *Claudel*. — Débrayage automatique, par *Lemaréchal*. — Essai géologique sur les terrains qui composent l'Isthme de Suez, notes et documents sur sa formation ; coupe géologique des terrains traversés par le canal maritime de Port-Saïd à Suez ; structure des montagnes qui avoisinent l'Itshme ; lacs et régime des eaux de l'antiquité ; des puits et sources qui se rencontrent dans la Basse-Égypte ; recherches sur les anciens puits d'Égypte et la possibilité d'en établir de nouveaux ; travaux d'Aymé-Bey ; recherches de combustible ; travaux de Nœtinger ; recherches d'eaux jaillissantes ; puits foré à Marcout, par *feu Charles Laurent*, membre fondateur et Vice-Président de la Société, membre perpétuel. — *Appendice* : note sur les fossiles rapportés de l'Isthme de Suez par M. Ch. Laurent, par *M. P. Fischer*. — Sonnette balistique pour le batiage des pieux, par *Verrier*. — Machine à tailler les engrenages cylindriques et coniques, par *Havequez*. — Capital et travail. — Note sur la question sociale. Le sublimé ; Moteur domestique, Hyppolyte Fontaine ; l'Ouvrier aux États-Unis, par *Buquet*. — Notices biographiques.

# ARCHITECTURE CIVILE

## Construction des ponts, ponceaux et viaducs : en bois, en maçonnerie, en fer, en fonte, en tôle. — Fondations tubulaires.

**1° Ponts et viaducs en bois.** — Types de ponts en charpente : pont d'Orscha, estacade du Mourmelon, pont à doubles contre-fiches, pont de la Mulatière, de Trenton, de Schaffouse, pont provisoire à Asnières, pont américain, viaduc de la Moorswater, pont sur la Tweed. Ensemble de ponts et de viaducs en charpente : viaduc de Wellington, pont de Scotswood du Haut-Portage, sur le Connecticut, viaduc de Landore, pont sur la Msta. Détails de ces ponts et viaducs. Charpente de la remise circulaire des locomotives du chemin de fer de Versailles ; charpente recouvrant les voies et la remise de voitures (gare de Rouen). Texte in-4° et 15 planches in-folio. . . . . . . . . . 18 fr.

**2° Ponts et viaducs en maçonnerie.** — Pont et Viaduc de Nogent-sur-Marne, plan, élévation et détails. Viaduc de Chaumont, plan, élévation et détails ; plan du chantier de construction du viaduc de Chaumont, viaduc de la Valserine, du Gœltzschthal, de Chantilly, de Loing-de-la-Voulzie, aqueduc de Roquefavour, viaduc du Lockwood, de Comelle ; pont de la Drôme, de Berne, d'Anzon, de Damelevières, pont en aval de Mézières, pont sur la Vilaine, pont de la baie de la Canche, pont sur la Durance, pont d'Auteuil ; viaduc sur les lagunes de Venise, viaduc à la traversée de Nîmes, pont et viaduc de Willemberg, etc., etc.

En tout 87 ponts ou viaducs avec détails cotés à l'échelle de 0,002 pour mètre. Texte in-4° et 22 planches d'ensemble ou de détails in-folio. . . . . . . 30 fr.

**3° Ponts métalliques.** — Cette 3° partie est divisée elle-même en trois parties ou fascicules :

1° Ponts en fonte ; 2° Ponts en fer ; 3° Ponts en tôle, fondations tubulaires. Prix de chaque partie . . . . . . 20 fr.

Cette importante publication est une réimpression corrigée, complétée et publiée dans un ordre méthodique du grand ouvrage de MM. Perdonnet et Polonceau, le *Portefeuille de l'Ingénieur des chemins de fer*, 6 volumes gr. in-8 avec figures dans le texte et 2 atlas gr. in-folio de 160 planches chacun. Son prix est de 350 fr.

L'Éditeur a pensé que ce prix était d'abord un obstacle pour beaucoup de jeunes ingénieurs, de plus, la publication ayant été faite par livraisons et au jour-le jour, il s'en est suivi un enchevêtrement dans les matières qui en rend l'étude difficile. Aussi voyons-nous que tous les auteurs *sans exception*, voire M. Perdonnet lui-même, pour son traité élémentaire, ont pêché dans ce grand travail *et largement*, pour établir des livres qui, moins importants et comme fond et comme forme, ont pu être établis à un prix moindre ; mais à ces ouvrages, il manque les planches cotées qui, pour le Portefeuille, ont été gravées avec une grande fidélité.

Ce sont ces planches qui, avec l'addition de quelques nouveaux travaux, donnent à la nouvelle publication sa grande valeur et son utilité incontestable.

Voici comment l'Éditeur a divisé l'ouvrage.

1° Terrassements, déblais et remblais, in-4° avec 14 pl.

2° Engins de construction.

3° Rails, coussinets, changement et croisement de voies, plaques tournantes, etc.

4° Matériel roulant, wagons de toutes sortes et de tous pays, trucs, freins, etc.

5° *Construction des ponts.* — 1° ponts en bois, 1 vol. ; 2° ponts en maçonnerie 1 vol. ; *Ponts métalliques*, cette partie est divisée en 3 volumes : 1° Ponts en fonte ; 2° ponts en fer ; 3° ponts en tôle, fondations tubulaires.

6° Construction des gares, ateliers de construction, maisons de gardes ; en un mot l'Ingénieur architecte des chemins de fer.

7° Constructions des locomotives et accessoires.

8° Matériel de la voie.

Chaque partie se vendra séparément avec son texte et ses planches afférentes ; tous les volumes sont donc complétement indépendants, de telle façon que le constructeur de locomotives, en achetant la 7e partie, aura un ouvrage complet sans être tenu de prendre un ouvrage d'un prix fort élevé dont les 7/8 lui seraient complétement inutiles. C'est pourquoi l'Éditeur, sans suivre l'ordre indiqué ci-dessus, a pu commencer la publication par la 5e partie.

# B

**Betteraves.** (L'aide du receveur de) donnant le chiffre de tous les déchets depuis le taux de 5 0/0 jusqu'à celui de 25 0/0 sur des poids gradués par 5 kilos de 500 à 5000 kilog., in-4° oblong . . . . . . 2 fr.

BOURGEOIS (A). **Catalogue général des intérêts.** In-folio.

Ce tableau, aussi simple qu'ingénieux, permet à toutes personnes plus ou moins instruites, de trouver à l'instant et sans autre calcul qu'une simple multiplication, l'intérêt d'un capital quelconque à un taux déterminé et pour tels nombres de mois et de jours que ce soit.

Nous avons ce tableau sous les yeux et nous félicitons sincèrement M. André Bourgeois d'avoir mis à la portée de tous, d'une façon si simple et si claire, un moyen sûr de trouver sans travail, des calculs qui demandent ordinairement tant de peines.

L'auteur a simplifié la règle des intérêts, telle que nous l'enseignent les livres, de la façon la plus heureuse et la plus savante, et d'une lente opération surchargée de chiffres, il en a fait un jeu aussi rapide qu'attrayant.

BROISE et THIEFFRY, autographes. — **Album encyclopédique des chemins de fer,** publication autorisée par les compagnies. Chaque livraison se compose de 12 pl. 1/2 grand-aigle.
Prix de la livraison. . . . . . . . . 4 fr.
Il paraît 8 à 10 livraisons par an.

SOMMAIRE DE LA 37e LIVRAISON.

Machines à Marchandises.
Wagons à houille.
Wagons à bestiaux.
Machines à 6 roues accouplées.
Machines à 4 roues accouplées.

SOMMAIRE DE LA 38e LIVRAISON.

Machines à 4 roues accouplées.
Grues de 10 tonnes à pivot tournant et cuvelage en fonte avec tambour.
Chemin de fer mixte à un seul rail.
Tenders.
Ponts tournants de 14 mètres.
Ponts tournants de 14 mètres, deux voies d'accès.
Changement de voies en rails non rabotés.

SOMMAIRE DE LA 39e LIVRAISON.

Machines à 6 roues accouplées.
Machines de gare à 4 roues accouplées.
Alimentation-épuration d'eau à la chaux.
Fondation d'un pont tournant de 14 mètres.
Grue roulante avec avant-train.

SOMMAIRE DE LA 40e LIVRAISON.

Pont roulant pour locomotives et grues roulantes.
Machines express anglaises.
Grue roulante et tournante de 7 tonnes.

SOMMAIRE DE LA 41e LIVRAISON.

Alimentation-épuration d'eau à la chaux.
Nouvelle voiture omnibus pour chemins de fer américains ou départementaux.

SOMMAIRE DE LA 42e LIVRAISON.

Excavateur système Couvreux, modifié par Lencauchez.
Poteaux indicateurs de bifurcation.
Chemin de fer mixte à un seul rail.
Rouleau compresseur rotatif.
Grue roulante et tournante de 4 à 6 tonnes.
Machines à voyageurs.

SOMMAIRE DE LA 43e LIVRAISON.

Chariot à machines, machine motrice.
Pont à bascule de 20 tonnes pour wagons.
Machines à roues libres. Machines-tenders.
Excavateur système Couvreux.
Voitures de 2e classe à impériale.

SOMMAIRE DE LA 44e LIVRAISON.

Machines de Gare.
Machines d'alimentations des réservoirs petit modèle.
Grue fixe à plateau.
Abri pour trottoir central.

SOMMAIRE DE LA 45e LIVRAISON.

Machines à marchandises.
Wagons tombereaux. Plaques tournantes, ensemble et détails.

## C

COURTEMANCHE. **Navigation aérienne.** Description d'un navire aérien pouvant servir à une locomotion atmosphérique g^d^. in-8, avec 3 pl . . . . . . . . . 3 fr.

## D

DELFAU (J.-B.), Conducteur des ponts et chaussées. **Navigation intérieure,** nouvelles écluses permettant d'économiser toute l'eau du prisme de remplissage des sas en la réemployant économiquement pour chaque nouvelle éclusée, tant de montée que de descente. 1 vol. g^d^. in-8 avec pl. . . . . . . . . . . . . . 3 fr.

LE MÊME. **Constructions hydrauliques.** Nouveaux modes d'exécution et de consolidation au moyen d'un système apportant aux fondations à l'air comprimé simplification et économie, disposés pour en généraliser l'application avec différentes constructions, g^d^. in-8 avec pl. 3 fr.

**Dictionnary of Engineering,** civil mechanical military and naval With technical termes in French italian and spanich.

Cet ouvrage illustré de nombreuses fig. dans le texte, paraît par livraison. Chacune d'elles se compose de 32 pages petit in-4 au prix de 1 fr. 50; 59 livraisons sont parues, l'ouvrage pourra se composer d'environ cent livraisons.

SOMMAIRE DE LA DERNIÈRE LIVRAISON publiée : Goniometer, Governor, Graphic-Diagram, Gravity, Grindstone, Gun-Ecorriage, Gunmery.

DUBIEF. Traité de la fabrication des **Liqueurs** françaises et étrangères sans distillation. 3^e^ édition, augmentée de développements plus étendus, de nouvelles recettes pour la fabrication des liqueurs, du kirch, du rhum, du bitter, la préparation et la bonification des eaux-de-vie et l'imitation de celles de Cognac de différentes provenances, de la fabrication des sirops, etc., etc., par M. L.-F. DUBIEF, chimiste œnologue. 1 vol. 288 pages. 5 fr.

DUBIEF (L.-F.), chimiste. Le **Liquoriste des dames** ou l'art de préparer en quelques instants toutes sortes de liqueurs de table et des parfums de toilette avec toutes les fleurs cultivées dans les jardins, suivi de procédés très-simples et expérimentés pour mettre les fruits à l'eau-de-vie, faire des liqueurs et des ratafias, des vins de dessert, mousseux et non mousseux, des sirops rafraîchissants, etc. 1 vol., 120 pages. . . . . . . . . . . 3 fr.

Bibliothèque des professions industrielles et agricoles, publiée par E. Lacroix, série I, n° 1.

## F

FIX. Chef de B^on^ d'état-major. **Note sur un nouvel octant de poche** à un seul miroir in-8, avec pl. . . . . . . . . . 2 fr.

— **Art de faire la Bière.** *Voir Mulder.*

FLAMM (P.). **Notes sur l'organisation de l'armée prussienne,** comprenant la loi de l'obligation du service militaire, les instructions de recrutement militaire prussien, la division du territoire de la Confédération du nord en régions, la division régionale de la *landwehr*. *Formation de l'armée prussienne.* Un état des forces prussiennes pendant la guerre de 1870. Le service des administrations militaires, des intendances, de la télégraphie, des postes de campagne, des gouvernements civils ; de l'instruction sur l'organisation des corps sanitaires de l'armée prussienne en campagne ; un état proportionnel des malades et blessés ; des renseignements sur l'emploi des cartes géographiques, des éclaireurs, et tableaux synoptiques. 1 vol. in-8, 175 pages. . . . . . . . . . . . . . . 3 fr. 50.

## G

GARDINER FISHBOURNE (C. B.), near-admiral, current fullacies in **Naval architecture.** 2 brochures in-8° et 4 pl. . 3 fr.

GODARD (E.), photographe. **Des virages** ou réunion, expérimentation et description des meilleurs procédés, contenant tous les renseignements nécessaires pour obtenir photographiquement des épreuves positives sur papier avec grande variété et une grande richesse de tons. in-8, 62 pages . . . . . . . . . . . 2 fr.

GRANT, ingénieur civil. Mémoire sur les **Huiles de pétrole,** origine, fabrication, épuration, emplois, etc. 1 vol. g^d^. in-8 et 2 pl. . . . . . . . . . . . . 4 fr.

## H

HARVEY. **La Torpille de mer** ou considérations sur la nature de cet appareil, avec les moyens de s'en servir. 1 vol. gd in-8 avec fig. dans le texte et 12 lithographies à 2 teintes. . . . . . . . . 7 fr.

## J

JAUNEZ. Manuel **du chauffeur**. Guide pratique à l'usage des mécaniciens, des chauffeurs et des propriétaires de machines à vapeur, exposé des connaissances nécessaires, suivi de conseils afin d'éviter les explosions des chaudières à vapeur, par JAUNEZ, ingénieur civil. 1 vol. 212 pages, 37 fig. dans le texte et pl. 2 fr. Relié 3 fr.

Bibliothèque des professions industrielles et agricoles publiée par E. Lacroix. série G, n° 7.

## K

KAEPPLIN, Chimiste. Un chapitre sur la **Teinture.** GAUDE gd. in-8. . . . . 1,25

KLIMSCH. **Dessin industriel**, à l'usage des Écoles professionnelles et des artistes.

*Album de Calligraphie.*

1. Formes originaires des caractères les plus en usage ; 5 livraisons ; au complet dans le courant de 1870 . . . . 1 fr. 75
2. Ecritures renversées à l'usage des lithographes, 2 cahiers. . . . . . . 1 fr. 75
3. Initiales et lettres ornées ; le 1er volume contenant 12 cahiers à 1 fr. 75 est publié. Prix du volume. . . . . . . . . 20 fr.

Le second volume qui fournit non-seulement des majuscules, mais aussi des minuscules, sera également divisé en 12 livraisons, paraissant de mois en mois à partir du 1er janvier 1870, à 1 fr. 75 la livraison. Il y a 4 livraisons publiées.

4. Monogrammes ; grand choix de combinaisons de tous genres. 14 cahiers, à 1 f. 75
5. Alphabets ornés, tous les mois 1 livraison à partir du 1er janvier 1870. 1 fr. 75.

Cette publication se distingue des initiales en ce qu'elle fournit dans un style égal toutes les lettres de l'alphabet ; chaque livraison contiendra entre 6 et 12 alphabets complets.

*Album d'ornements.*

Grand choix d'ornements de tous genres, des plus simples aux plus compliqués pour toutes les industries et professions. 1 livraison par mois, à 1 fr. 75

12 livraisons forment 4 volumes ; le 1er volume est complet depuis le mois de mars 1870. 20 fr.

Le 2e volume comprendra également 12 livraisons, 3 sont publiées.

*Album d'étiquettes.*

Grande collection de motifs pour étiquettes de toute espèce, 8 cahiers à. . . 2 fr. 75

*Album de figures.*

1. Groupes d'enfants gravés sur pierre, d'après nature, chaque année une livraison, la livraison n° 2 a paru au mois de juillet 1870, à. . . . 5 fr. 50
2. Allégories, devises et vignettes, 18 livraisons, la suite prochainement, à. . . . . . 3 fr. 25

*Album de paysage.*

Pour l'enseignement du dessin, 6 cahiers, à. . . . . . 2 fr. 75

*Croquis lithographiques.*

Motifs à l'usage des lithographes pour toute espèce de travaux ; chaque mois une livraison . . . . . . . . . 1 fr. 75

Les ouvrages où le mot cahier a été employé sont au complet et ne seront point continués.

## L

LACROIX (E.), ex-officier d'infanterie de marine. **Système de défense** de la ville de Paris, basé sur l'emploi des chemins de fer, des locomotives et des wagons blindés. Projet présenté à M. le général TROCHU le 5 septembre 1870, in-4°, 1 fr. Cette brochure est signée UN BON BOURGEOIS DE PARIS.

La 1re lettre d'un bon Bourgeois de Paris à M. Thiers. Nécessité du service obligatoire, 2 pages in-4° 0,50 cent. tiré à cent exemplaires.

Cette boutade, reproduite en partie dans le livre de M. J. Naulot : Lettres sur l'organisation des forces vives de la France, se termine par ces mots : « Tout homme qui se refuse au service obligatoire est un ennemi de son pays » mots que feront bien de méditer, s'ils en ont le temps, MM. les députés à quelque coin de l'hémicycle qu'ils appartiennent.

Le 5e Bataillon de marche du 2e d'infanterie de marine, armée de la Loire et armée de l'Est. Combat de Neuville, 1200 soldats d'infanterie de marine contre une brigade prussienne. In-18.

Lescure (O.), professeur à l'École centrale d'architecture. **Géographie** à l'usage des écoles d'architecture, d'arts et métiers, des artistes et des gens du monde, par O. Lescure, professeur, 1 vol., 351 pages. . . . . . . . . . . . . . 3 fr.

Bibliothèque des professions industrielles et agricoles publiée par E. Lacroix, Série I, n° 9.

Lipowitz A. traité pratique de la fabrication du Ciment de Portland, 1 vol., grand in-8 avec tableaux et 25 figures . . 5 fr.

Lunel. (Le Docteur A.-B.) Guide pratique du **Parfumeur**. Dictionnaire raisonné des **Cosmétiques et Parfums**, contenant la description des substances employées en parfumerie, les altérations ou falsifications qui peuvent les dénaturer, etc., les formules de plus de 500 préparations cosmétiques, huiles parfumées, poudres dentifrices dilatoires, eaux diverses, extraits, eaux distillées, essences, teintures, infusions, esprits aromadiques, vinaigres et savons de toilette, pastilles, crèmes, etc. Ouvrage entièrement nouveau, présentant des considérations hygiéniques sur les préparations cosmétiques qui peuvent offrir des dangers dans leur emploi, par M. le Docteur Adolphe-Benestor Lunel, chimiste, membre des Académies des sciences de Caen, Chambéry, etc., ancien professeur de chimie et d'histoire naturelle. 1 vol., XXVII 340 pages. Relié. . . . . . . . . . . . . 5 fr.

Bibliothèque des professions industrielles et agricoles publiée par E. Lacroix, Série G, n° 43.

## M

Mariot-Didieux, vétérinaire. **Education lucrative des lapins**, ou Traité de la race cuniculine, suivi de l'Art de mégisser leurs peaux et d'en confectionner des fourrures, par M. Mariot-Didieux, vétérinaire en premier, attaché aux remontes de l'armée, membre de plusieurs sociétés savantes. 1 vol., 156 pages. 2 fr. 50

Bibliothèque des professions industrielles et agricoles, publiée par E. Lacroix, Série H, n° 17.

Masselin (O.), auteur de la série de prix adoptés par la Chambre syndicale des entrepreneurs de maçonnerie de la ville de Paris et du département de la Seine. **Dictionnaire** raisonné et formulaire du **métré** et de la **vérification** des travaux de terrasse, maçonnerie et carrelage. 1 vol. gr. in-8, 530 p. et 21 pl. 25 fr.

Maurand. **Le prompt calculateur** des arts industriels et du commerce, destiné à réduire avec la plus grande précision les poids et mesures de toutes les nations, en système métrique français, et réciproquement.
L'instrument. . . . . . . . . . . . . . 10 fr.
La brochure explicative. . . . . . . . 1 fr.

Morandière (J.). **Chemin de fer** d'intérêt local, examen de divers systèmes dits économiques, in-8° . . . . . . . . . . 1 fr.

Mulder. (G.-J.), professeur à l'Université d'Utrecht. Le **Guide du Brasseur** ou l'art de faire la Bière, Traité théorique et pratique. La Bière, sa composition chimique, sa fabrication, son emploi comme boisson, traduit du Hollandais et annoté par Dubief, chimiste. 1 vol., gr. in-8. 6 fr.

Bibliothèque des professions industrielles et agricoles, publiée par E. Lacroix, Série G, n° 10.

Cet ouvrage remplace l'ancien livre de Dubief, publié sous le titre *Art de faire la Bière*.

## P

**Pocket-book** of useful formulœ et memoranda for civil and mechanical engineers, édition de 1871, in-32 oblong, relié. . . . . . . . . . . . . . . . . . . . . 8 fr.

## S

SACC (Dr). Eléments de **Chimie**, par le Dr SACC professeur à l'Académie de Neuchâtel, etc.
**1° Chimie minérale ou synthétique.**
**2° Chimie organique ou asynthétique.** 2 vol. Relié. . . . . . . . . . 7 fr.

Bibliothèque des professions industrielles et agricoles publiée par E. Lacroix, Série B, n° 1 et 1 bis.

STAMMER (Charles), docteur-chimiste. — Traité complet, théorique et pratique de **la fabrication du sucre**, guide du fabricant. 1 vol. grand in-8, 504 pages avec 111 figures dans le texte. . . . . . 14 fr.

L'ouvrage de M. Stammer, donne l'état actuel de la science pour cette importante branche de l'industrie, la *Fabrication du Sucre*. L'auteur s'est inspiré de l'ouvrage de M. Otto, de Brunswick, qui jouit d'une grande notoriété dans le pays d'outre-Rhin. Ce que M. Stammer a cherché, ça été de faire un livre donnant la description stricte, simple et détaillée de tous les procédés les plus en usage; il s'est abstenu de toutes ces longues et inutiles digressions que l'on trouve souvent dans les livres techniques. Ce livre est très-riche en dessins d'appareils de tous genres, quoique l'Éditeur ait cependant évité un luxe inutile pour *un traité industriel*.

Ce que l'on peut accorder à l'auteur, c'est d'être toujours vrai et impartial dans ses appréciations des différents systèmes.

E. L.

## V

VALLET (A.). Les moissonneuses et la main-d'œuvre, grand in-8°. . . . . . . . . . . 2 fr.

BIBLIOTHÈQUE NATIONALE IMPRIMÉS

**PRIX DE CE NUMÉRO : DIX CENTIMES**

---

*ON SOUSCRIT A PARIS :*

**A la Librairie scientifique, industrielle et agricole de E. LACROIX, 54, rue des Saints-Pères, 54.**

Imprimerie Polytechnique de E. LACROIX, à Saint-Nicolas. N. COLLIN, successeur.

www.ingramcontent.com/pod-product-compliance
Ingram Content Group UK Ltd.
Pitfield, Milton Keynes, MK11 3LW, UK
UKHW012239240726
13966UKWH00003B/1175